RECUPERACIÓN DEL APEGO ANSIOSO

PASOS PROBADOS PARA SUPERAR LA ANSIEDAD EN LAS RELACIONES, RECONSTRUIR LA CONFIANZA Y CULTIVAR EL AMOR DURADERO

ELIZA BENNETT

ÍNDICE

INTRODUCCIÓN

Jamás olvidaré una noche en la que me encontraba sola en casa, absorta en la pantalla de mi teléfono, mientras la ansiedad y el pánico se intensificaban con cada minuto que transcurría sin recibir un mensaje. Una sensación de hundimiento invadía mi estómago. Estaba convencida de que el silencio de mi pareja ocultaba un significado profundo: que se estaba distanciando, perdiendo interés o algo peor. Aunque era consciente de la irracionalidad de mis pensamientos, el miedo me invadió, dificultando mi respiración y mi capacidad para razonar con claridad. Este fue un momento de ansiedad intensa en la relación, una vivencia que muchos de nosotros conocemos demasiado bien.

Situaciones como esta, junto con mi trayectoria de recuperación, me impulsaron a escribir este libro. Mi nombre es Eliza Bennett y he recorrido un camino de superación de la ansiedad relacional. No solo he explorado en profundidad las investigaciones académicas en psicología y teoría del apego, sino que también he enfrentado luchas personales relacionadas con el apego ansioso. He experimentado los mismos temores y he luchado con inseguridades similares a las que tú puedes estar enfrentando actualmente. Esta experiencia compartida me motiva para proporcionarte las herramientas y los conocimientos que necesitas para transformar tu estilo de apego ansioso.

A lo largo de los años, he tenido el privilegio de conocer a numerosas personas que han trabajado arduamente para comprender y superar las complejidades del apego ansioso, logrando así establecer relaciones más seguras y satisfactorias.

A QUIÉN ESTÁ DIRIGIDO ESTE LIBRO

Este libro está destinado a cualquier individuo que haya experimentado ansiedad en sus relaciones. Si frecuentemente te encuentras sobreanalizando mensajes, inquietándote por los sentimientos de tu pareja o cuestionando tu valor personal, es fundamental que sepas que no estás solo en esta experiencia. Esta guía ha sido elaborada especialmente para aquellos de nosotros que atravesamos el apego ansioso, independientemente de si te encuentras en una relación a largo plazo, iniciando el proceso de citas o enfrentando las complejidades del amor y la conexión en tus relaciones. Si te resulta complicado confiar en los demás o sientes inseguridad respecto al compromiso de tu pareja, este libro te ofrecerá las herramientas necesarias y las estrategias adecuadas para gestionar esas emociones turbulentas con eficacia.

Asimismo, este texto será valioso para quienes deseen profundizar su conocimiento sobre los estilos de apego y sus efectos en las relaciones interpersonales. Tanto si eres un lector experimentado en el ámbito de la psicología como si te estás adentrando en estos conceptos por primera vez, he adoptado un lenguaje accesible y contenido bien fundamentado que resonará contigo. Mi libro tiene como objetivo empoderar a aquellos que anhelan liberarse de los patrones de ansiedad y de inseguridad que los han limitado, ofreciendo un itinerario hacia conexiones más saludables y enriquecedoras.

Además, este libro será valioso si valoras el crecimiento personal y el autoconocimiento. Fomentará la introspección y te ofrecerá herramientas para sanar las heridas emocionales y cultivar un sentimiento de seguridad interior. Al abordar las raíces del apego ansioso, emprenderás un viaje hacia la mejora de tus relaciones y tu bienestar integral. En definitiva, este libro está destinado a cualquier persona que esté dispuesta a abrazar el cambio y dar pasos proactivos hacia unas relaciones seguras y amorosas, colmadas de confianza y satisfacción.

QUÉ ESPERAR DE ESTE LIBRO

En las siguientes páginas, adquirirás una comprensión exhaustiva e integral sobre el apego ansioso, incluyendo sus raíces y su impacto en tus relaciones interpersonales y en tu autoestima. Y lo que es más importante, descubrirás pasos prácticos para liberarte del ciclo perjudicial de la ansiedad y la inseguridad. Estas valiosas estrategias no solo son conceptos teóricos, sino también herramientas que podrás aplicar en tu vida cotidiana para desarrollar vínculos más saludables y sostenibles. Este libro ha sido concebido con el propósito de dotarte del conocimiento y las habilidades necesarias para superar el apego ansioso.

La estructura de esta obra te llevará a través de un proceso metódico y gradual en la comprensión y superación del apego ansioso. Cada capítulo explorará distintos aspectos de este camino, ofreciendo pasos concretos que podrás implementar a diario.

En primer lugar, te proporcionaré una visión global del apego ansioso, explorando sus fundamentos psicológicos y neurocientíficos. Descubrirás cómo identificar los signos y comportamientos específicos vinculados a este estilo de apego, tanto en ti como en los demás.

A continuación, presentaré estrategias y enfoques prácticos para gestionar el sobreanálisis, la ansiedad y los celos que a menudo surgen en las relaciones. Luego, exploraremos la conexión con nuestro niño interior y su sanación.

Discutiremos la reconstrucción y el fortalecimiento de nuestra seguridad emocional y la confianza en nuestras relaciones. También ofreceré técnicas diseñadas para mejorar la regulación emocional a largo plazo y alcanzar un estado de equilibrio adecuado.

Además, te guiaré en el fortalecimiento de tus relaciones interpersonales, abordando la importancia de establecer límites apropiados que son esenciales para fomentar un apego seguro y una relación saludable. Otros temas relevantes que se tratarán en este libro incluyen la mejora del autoconocimiento y el fomento de un crecimiento personal continuo y sostenido.

CÓMO UTILIZAR ESTE LIBRO

Para aprovechar al máximo este libro, comienza por reservar un tiempo dedicado a la lectura y la reflexión. Crea un ambiente tranquilo y cómodo que te permita involucrarte plenamente con el material sin distracciones. A medida que leas, anota los conceptos clave que resuenen en ti y reflexiona sobre tus experiencias y emociones en relación con los temas tratados. Este proceso te ayudará a interiorizar y aplicar las enseñanzas en tu vida.

Además, considera la posibilidad de abordar cada capítulo con la mente abierta y una disposición a aprender. Algunas secciones pueden cuestionar tus creencias o exigirte que te enfrentes a emociones difíciles. Permítete procesar estos sentimientos y reconocer que la incomodidad suele formar parte del crecimiento. Después de completar un capítulo, tómate tu tiempo para escribir en un diario sobre tus pensamientos y las percepciones que hayas obtenido. Esta práctica profundizará tu comprensión y reforzará los conceptos presentados.

Finalmente, no dudes en volver a consultar determinadas secciones del libro cuando lo necesites. La sanación y el crecimiento personal son trayectorias no lineales, y distintos pasajes podrán resonar contigo en las diversas etapas de tu proceso. Interactuar repetidamente con el material puede proporcionarte nuevas perspectivas y reforzar tu compromiso de cultivar vínculos seguros y relaciones más saludables. Recuerda que este libro es una herramienta para ayudarte en tu camino, así que utilízalo de un modo que te resulte fortalecedor y enriquecedor.

ABRAZA EL PROCESO DE RECUPERACIÓN

El apego ansioso es algo más que una simple etiqueta: es un patrón profundamente arraigado que determina la forma en que nos relacionamos con los demás, y que a menudo nos hace sentir vulnerables, inseguros y ansiosos de seguridad en nuestras relaciones. Este estilo de apego, arraigado en experiencias tempranas, y trasladado a la adultez, puede crear ciclos de miedo, duda y confusión emocional que afectan a nuestras relaciones sentimentales y a nuestra autoestima. Sin embargo, el hecho de que el apego ansioso proceda de conductas aprendidas significa que puedes desaprenderlo. Te guiaré para que comprendas estos patrones, te liberes de ellos y cultives relaciones más saludables y seguras. Tanto si has luchado contra la ansiedad en las relaciones, como si has experimentado problemas recurrentes de confianza o te has sentido atrapado en un ciclo de incertidumbre emocional, este viaje consiste en recuperar tu equilibrio emocional, reconstruir la confianza y crear un amor duradero, no sólo respecto a los demás, sino también respecto a ti mismo.

Si estás leyendo esto, probablemente estés buscando consuelo, respuestas y formas de liberarte del ciclo de ansiedad que te ha aprisionado. Es fundamental recordar que nunca estás solo. Sí, hay muchos desafíos en este trayecto de sanación y crecimiento personal, pero las recompensas pueden transformar tu vida. Te animo a comprometerte con este viaje con el corazón y la mente abiertos. El camino hacia la recuperación y el apego seguro está a tu alcance. Abraza el proceso, da cada paso con intención y ten la seguridad que puedes conseguir vínculos seguros y amor duradero. La aventura hacia relaciones más satisfactorias y seguras comienza ahora.

CAPÍTULO 1
COMPRENDIENDO EL APEGO ANSIOSO

Una noche, tras un pequeño desacuerdo con mi pareja, me encontré sumida en un ciclo de ansiedad y preocupación. Repetía nuestra conversación una y otra vez, analizando cada palabra. Me atormentaba la idea de que ese pequeño conflicto significara el fin de nuestra relación. La imposibilidad de conciliar el sueño se convirtió en una constante, mientras mi mente estaba inmersa en tormentosos pensamientos de abandono y rechazo. Esta experiencia de ansiedad pura es un sentimiento que muchos de nosotros, que habitamos en la esfera del apego ansioso, conocemos íntimamente.

En este capítulo, nos embarcaremos en una exploración profunda de lo que constituye el apego ansioso, desentrañando las raíces de estos sentimientos y proporcionando una comprensión clara de por qué los experimentamos y cómo impactan nuestras relaciones interpersonales.

¿QUÉ ES EL APEGO ANSIOSO?

El apego ansioso es un concepto que encuentra su base en la psicología y la neurociencia. Describe un patrón afectivo caracterizado por un profundo miedo al abandono, así como una necesidad abrumadora de cercanía y reafirmación constante. Las experiencias negativas en la infancia son las que suelen conducirnos a este estilo de apego, y está moldeado por nuestras interacciones con las figuras de cuidado. Si hemos tenido vínculos incoherentes o impredecibles con nuestros cuidadores cuando éramos niños, hemos sembrado las semillas del apego ansioso. Este fenómeno puede dar lugar a comportamientos que tienden a perturbar nuestras relaciones en la edad adulta.

Algunos de los signos más comunes del apego ansioso son la preocupación frecuente por lo que siente y hace tu pareja, la búsqueda constante de validación y la sensación de inseguridad incluso cuando no hay problemas aparentes en la relación. Las personas con apego ansioso pueden darle demasiadas vueltas a cada conversación, sentir celos intensos sin motivo y buscar constantemente la seguridad de que son queridas y valoradas.

Las investigaciones indican que los individuos con apego ansioso son significativamente más propensos a experimentar insatisfacción relacional, inestabilidad emocional y un deterioro de la autoestima. Estudios adicionales revelan que aproximadamente el 20% de los adultos exhibe comportamientos asociados a este estilo de apego. Si te identificas con esta categoría, es probable que enfrentes grandes dificultades para establecer relaciones estables y satisfactorias. Superar un estilo de apego ansioso implica un esfuerzo considerable para abordar y regular tus emociones, así como para investigar las raíces de este patrón, con el fin de cultivar relaciones más saludables y seguras.

LAS RAÍCES DEL APEGO ANSIOSO

La tendencia de los seres humanos a desarrollar estilos de apego ansioso está profundamente arraigada en nuestro pasado evolutivo. En las primeras sociedades humanas, la supervivencia dependía de relaciones estrechas y cohesivas, siendo la disponibilidad de los cuidadores crucial para la supervivencia de los infantes. Aquellos que mantenían la proximidad a un cuidador tenían mayores probabilidades de sobrevivir, ya que estos proporcionaban protección, alimento y oportunidades de aprendizaje. Esta necesidad de cercanía y seguridad quedó inscrita en nuestras estructuras cerebrales, asegurando que los infantes manifestaran angustia ante la separación, propiciando así el regreso de sus cuidadores.

Desde una perspectiva evolutiva, los comportamientos de apego, tales como aferrarse a los cuidadores y mostrar angustia durante la separación, resultaron ventajosos. Los infantes que exhibían estos comportamientos eran más propensos a recibir la atención y el cuidado necesarios, lo que, en última instancia, aumentaba sus probabilidades de supervivencia. Con el transcurso de las generaciones, estos comportamientos se convirtieron en una parte fundamental del desarrollo humano, moldeando nuestra forma de vincularnos y formar relaciones.

John Bowlby, pionero de la teoría del apego, subrayó la perspectiva evolutiva. Sus investigaciones revelaron que los primeros comportamientos de apego tenían una finalidad que iba más allá de la supervivencia inmediata: ayudaban a establecer una base segura a partir de la cual el niño podía explorar el mundo y desarrollar la confianza en sí mismo. El trabajo de Bowlby sentó las bases para comprender cómo se forman y persisten los estilos de apego a lo largo de la vida, ilustrándonos sobre el profundo impacto de las experiencias tempranas en nuestro desarrollo.

Mary Ainsworth, colega de Bowlby, avanzó aún más en el campo con su investigación innovadora. Su célebre experimento de la Situación Extraña identificó tres estilos de apego primarios:

- Seguro
- Evitativo
- Ansioso

Este estudio estructurado, basado en la observación, sometió a los infantes a separaciones y reencuentros con sus cuidadores. Los infantes con apego seguro mostraban angustia ante la separación, pero se calmaban rápidamente al reencontrarse con su cuidador. En cambio, los infantes ansiosamente apegados mostraron una angustia intensa durante la separación y tuvieron dificultades para calmarse incluso cuando su cuidador regresaba. El trabajo de Ainsworth subrayó la variabilidad en las conductas de apego, proporcionando un marco para comprender el apego ansioso. Debemos mucho a la investigación pionera de Ainsworth, que ha hecho avanzar nuestra comprensión de los estilos de apego.

CÓMO LAS EXPERIENCIAS DE LA INFANCIA MOLDEAN LOS ESTILOS DE APEGO

Si bien las raíces evolutivas del apego ansioso proporcionan un marco general, las experiencias individuales de un niño con sus cuidadores conforman significativamente su estilo de apego. Los niños desarrollan un apego seguro cuando experimentan un cuidado constante y receptivo. Esto significa que sus cuidadores satisfacen sus necesidades de forma rápida y fiable, respondiendo adecuadamente a sus llantos y señales. Cuando los niños sienten que pueden contar con sus cuidadores, desarrollan la confianza, que constituye la base del apego seguro.

Sin embargo, los niños pueden desarrollar un estilo de apego ansioso cuando los cuidados son incoherentes o negligentes. Cuando las necesidades de un niño se satisfacen de forma esporádica o impredecible, el niño se vuelve hipervigilante y busca constantemente consuelo, temiendo el abandono. Estos comportamientos son respuestas adaptativas a las primeras experiencias de cuidados poco fiables.

Por ejemplo, supongamos que un cuidador es afectuoso y receptivo en algunas ocasiones, pero es distante o no está disponible otras. En ese caso, se crea un entorno confuso para el niño. Esta inconsistencia hace que las relaciones se sientan impredecibles y poco fiables, lo que conduce al desarrollo de un apego ansioso. Por el contrario, los niños que experimentan un apoyo emocional constante por parte de sus cuidadores tienen más probabilidades de desarrollar estilos de apego seguros.

Las experiencias traumáticas de la infancia, como el maltrato emocional o físico, también pueden afectar significativamente el apego. Cuando los cuidadores son abusivos o negligentes, los niños aprenden que las personas que se supone que proporcionan amor y seguridad también pueden causar dolor y miedo. Esta dualidad puede crear un mundo interno turbulento en el que el amor y la ansiedad se entrelazan. Del mismo modo, la separación o pérdida de los padres puede alterar la sensación de estabilidad del niño, provocando comportamientos ansiosos en futuras relaciones. Un enfoque de la recuperación del apego ansioso basado en el trauma con un terapeuta o consejero puede ser muy beneficioso, si éste es el caso.

Otro factor crítico es la transmisión de los estilos de apego a través de las generaciones. Como cuidadores principales y modelos de conducta, los padres transmiten inconscientemente sus patrones de apego a sus hijos. Por ejemplo, un progenitor con apego ansioso puede mostrar comportamientos sobreprotectores o incoherentes, que el niño puede interiorizar y modelar. Este ciclo de conductas de apego puede perpetuar el apego ansioso a través de las generaciones.

No obstante, hay esperanza para los adultos que han desarrollado pautas de apego ansioso debido a sus experiencias infantiles. Los ejercicios de sanación del niño interior ofrecen un enfoque práctico. Implican volver a conectar con el niño interior herido y brindar el cuidado afectuoso que faltó durante la infancia. Este proceso de sanación interna será abordado en mayor profundidad en el Capítulo 4.

LA NEUROCIENCIA DETRÁS DE LOS ESTILOS DE APEGO

Entender la neurociencia que desempeña un papel fundamental en los estilos de apego es esencial para desentrañar las complejidades de nuestras interacciones emocionales. Este conocimiento proporciona una visión clara de por qué actuamos y sentimos de la manera en que lo hacemos en nuestras relaciones. La configuración cerebral es un sistema intrincado que regula cómo pensamos, sentimos y reaccionamos, así como la naturaleza de nuestros vínculos emocionales. La amígdala, ubicada en lo profundo del cerebro, es una pequeña estructura con forma de almendra que juega un papel crucial en el procesamiento de las respuestas emocionales. Se activa significativamente cuando experimentamos ansiedad o miedo intensos, lo que puede desencadenar una respuesta de lucha o huida. Cuando sentimos un miedo intenso al abandono, se produce la activación de nuestra amígdala. Su finalidad es preparar a nuestro cuerpo para reaccionar ante una amenaza percibida. Esta respuesta tiene raíces profundas en nuestro pasado evolutivo, cuando necesitábamos reaccionar rápidamente ante las amenazas para sobrevivir.

La corteza prefrontal está situada en la parte frontal del cerebro. Realiza funciones de orden superior, tales como la regulación emocional, el control de los impulsos y la toma de decisiones. Esta zona también interviene al permitirnos evaluar las situaciones de forma racional y tomar decisiones lógicas. Si posees un estilo de apego ansioso, es probable que experimentes una conexión más débil entre la corteza prefrontal y la amígdala, lo que dificulta la regulación de tus emociones en momentos de estrés. Esto te hace propenso a sobreanalizar situaciones y a enfrentarte a dificultades para calmarte cuando percibes amenazas en tus relaciones.

La oxitocina, conocida como la "hormona del amor", desempeña un papel importante en la vinculación y el apego, y se libera durante el contacto físico, como al recibir y dar un abrazo o tomarnos de la mano. Esta hormona aumenta los sentimientos de confianza y conexión, lo que es crucial para establecer y mantener vínculos sólidos entre las personas en las relaciones. Si presentas un estilo de apego ansioso, es probable que el deseo de contacto físico y reafirmación sea, en parte, una manifestación del anhelo de la liberación de oxitocina. Esta necesidad biológica ayuda a comprender la importancia del afecto físico en la creación de vínculos seguros y en la reducción de la ansiedad.

Los procesos neuroquímicos complejos también forman la base de nuestras respuestas emocionales y de apego. La dopamina y la serotonina son neurotransmisores fundamentales para la regulación del estado de ánimo y el bienestar emocional. La dopamina está asociada con el placer y la recompensa, reforzando comportamientos positivos que nos hacen sentir bien, como el tiempo compartido con seres queridos. La serotonina, por su parte, se centra más en estabilizar nuestro estado de ánimo, ayudándonos a sentirnos tranquilos y felices. Un desequilibrio en estos neurotransmisores puede producir sensaciones de ansiedad e inestabilidad emocional, emociones que son significativas en el contexto del apego ansioso.

Además, las hormonas del estrés, como el cortisol, juegan un papel importante en la respuesta ante amenazas percibidas. Cuando aumentan los niveles de cortisol, las personas tienden a sentir altos niveles de vigilancia y ansiedad. Esto hace que les resulte mucho más difícil sentirse relajadas y mantener vínculos seguros.

Afortunadamente, nuestros cerebros poseen neuroplasticidad, que les permite reorganizarse y formar nuevas conexiones neuronales. Este hecho representa una fuente significativa de esperanza cuando se trata de modificar nuestros patrones de apego. Podemos reconfigurar nuestro cerebro al adoptar conscientemente nuevos patrones de pensamiento y comportamientos. La naturaleza adaptable de nuestro cerebro facilita la superación de estilos de apego ansioso y el logro de seguridad en nuestras relaciones. Tratamientos como la terapia cognitivo-conductual (TCC) pueden reforzar estas nuevas vías neuronales, promoviendo una mayor regulación emocional y estabilidad.

Como hemos observado, la investigación en neurociencia nos ha proporcionado información esencial sobre los estilos de apego. Los estudios de imágenes cerebrales han demostrado que las personas con diferentes estilos de apego muestran patrones de actividad cerebral distintos. En particular, aquellos que presentan un apego ansioso suelen exhibir una actividad elevada en la amígdala y una conectividad reducida con la corteza prefrontal. En estudios longitudinales que han seguido a individuos a lo largo del tiempo, se ha evidenciado cómo los cambios cerebrales relacionados con el apego impactan en los resultados emocionales y en las relacionales. Asimismo, se ha identificado que ciertos factores genéticos pueden predisponer a las personas a desarrollar estilos de apego específicos. Sin embargo, los factores ambientales también desempeñan un papel altamente significativo.

Quiero que comprendas que la neurociencia del apego tiene implicaciones prácticas para gestionar el apego ansioso. Si te identificas con un estilo de apego ansioso, una estrategia útil que puedes emplear para manejar sus efectos es la práctica de la atención plena o mindfulness. Esta práctica puede ayudar a calmar la amígdala y fortalecer la función reguladora de la corteza prefrontal, promoviendo un mejor equilibrio en tus respuestas emocionales. La neurorretroalimentación es otra intervención terapéutica que te entrena para alterar tu actividad cerebral. Puede ayudar a las personas con apego ansioso a desarrollar una mejor estabilidad emocional. Además, cambiar tu estilo de vida, como dormir lo suficiente, comer alimentos sanos y hacer ejercicio con regularidad, puede favorecer tu salud cerebral y mejorar la seguridad del apego.

Al incorporar estas estrategias, deberías ser capaz de aprovechar la plasticidad de tu cerebro para desarrollar patrones de apego más saludables y seguros. A lo largo de este libro, y específicamente en el Capítulo 3, exploraremos en mayor profundidad estas técnicas prácticas de sanación, como la terapia cognitivo-conductual (TCC), las prácticas de atención plena y los ejercicios de autocompasión, todos efectivos en la sanación de las heridas del apego.

EL IMPACTO EMOCIONAL DEL APEGO ANSIOSO

Si tienes un estilo de apego ansioso, probablemente sientas que vives en una tormenta constante de emociones. Es posible que la preocupación y el temor al abandono te acompañen con tal frecuencia que te resulta difícil pensar con claridad o concentrarte.

Puedes experimentar ansiedad intensa simplemente por un leve cambio en el tono de voz de tu pareja o por un retraso en la llegada de un mensaje de texto. Esta constante inquietud surge del temor a quedarte solo, generando una sensación de inseguridad presente en cada rincón de tu relación.

Sin embargo, la agitación emocional va aún más allá. Las personas con apego ansioso suelen experimentar cambios emocionales dramáticos y altibajos en el estado de ánimo. Los intensos altibajos emocionales te dejan a ti (y a tu pareja) agotados y exhaustos. La estabilidad parece inalcanzable, ya que permaneces en un estado perpetuo de fluidez emocional. Con el tiempo, es probable que descubras que tu bienestar mental y físico se ve negativamente afectado.

El apego ansioso también suele provocar pensamientos excesivos y obsesivos sobre tu relación. Posiblemente te encuentres repitiendo conversaciones pasadas, rumiando cada palabra y gesto, buscando significados ocultos. Es posible que te resulte difícil relajarte y dormir. Pensar demasiado tiende a provocar ansiedad, y puedes acabar en un círculo vicioso difícil de romper. He pasado por esta experiencia y sé que tu mente te hace sentir como un prisionero, atrapándote en un ciclo interminable de ansiedad y duda. Esto hace que sea muy difícil disfrutar del momento presente o pensar positivamente en el futuro.

Antes de tomar medidas para abordar mi apego ansioso, descubrí que esta condición tenía un impacto devastador en mi autoestima y sentido de mi propia valía. Uno de los aspectos perjudiciales de anhelar con frecuencia la validación de los demás para tener sentimientos positivos sobre ti mismo es que tu autoestima se vuelve dependiente de otras personas. Esto te hace demasiado vulnerable a los sentimientos de inadecuación y duda de ti mismo, ya que tiendes a creer que eres inadecuado cuando estás solo. Esto puede manifestarse sintiéndote inferior en entornos sociales y subestimando tus capacidades. Si enfrentas este desafío, es probable que te compares negativamente con los demás y te limites a ti mismo al evitar nuevos retos.

Los estilos de apego ansioso también ejercen una enorme presión sobre las relaciones. La tendencia a los celos y a la posesividad puede provocar malentendidos y conflictos. Una situación típica es que tiendes a sentir ansiedad por todo lo que hace tu pareja, viendo sus interacciones con otras personas como amenazas. Cuando este tipo de celos está presente en una relación, puede ser tóxico para ambos miembros de la pareja. La confianza se erosionará y probablemente provocará un distanciamiento emocional. Muchos estudios de casos han demostrado cómo este tipo de comportamiento puede destruir la estabilidad de una relación, provocando un ciclo de conflictos y reconciliaciones que probablemente los dejará exhaustos y desconectados.

Puedes hacer varias cosas diferentes para cambiar estas respuestas emocionales y cultivar la seguridad emocional. Te resultará más fácil mantener los pies en la tierra y la calma incluso en los momentos difíciles si utilizas técnicas de regulación emocional. Esto implica métodos como ejercicios de respiración profunda y desarrollar una mayor autocompasión y autocuidado. Ser amable contigo mismo y dar prioridad a tu bienestar significa que puedes reforzar tu sentido de la autoestima, de modo que no dependas de la validación externa. Las prácticas de atención plena también contribuirán a crear una mayor resiliencia emocional, haciendo que lidiar con la ansiedad y mantener relaciones más estables sea mucho más manejable. A lo largo del resto del libro, abordaremos en profundidad técnicas y procesos detallados para alcanzar una estabilidad emocional a largo plazo.

Alcanzar la seguridad emocional requiere un esfuerzo considerable. No ocurre de la noche a la mañana. Es necesario hacer un esfuerzo continuo, estar dispuesto a enfrentar tus miedos, aplicar las estrategias adecuadas y reflexionar profundamente sobre cómo el apego ansioso te afecta emocionalmente. De este modo, podrás comenzar a transformar tus respuestas emocionales. Realizar estos cambios te permitirá sentirte seguro y protegido en tus relaciones, fomentando un alto nivel de confianza y apoyo mutuo. Crearás una sensación de paz interior y una estabilidad en tus interacciones interpersonales.

CAPÍTULO 2
IDENTIFICANDO EL APEGO ANSIOSO Y LOS DESENCADENANTES EMOCIONALES

Hubo un tiempo, hace varios años, en que me sentía constantemente ansiosa y en un estado de alerta constante. Sentía como si me pusieran a prueba cada vez que hablaba con mi pareja. Buscaba continuamente la seguridad de que no perdería su afecto. En una ocasión, se produjo una discusión especialmente intensa. Me consumió la duda. No podía entender por qué reaccionaba de forma tan dramática y siempre parecía temer lo peor. Me bastó un poco de introspección para darme cuenta de que necesitaba comprenderme a mí misma para tener alguna posibilidad de sanar.

Mi objetivo en este capítulo es ayudarte a ser consciente de ti mismo. Te mostraré cómo desvelar las causas de tu apego ansioso y te sugeriré herramientas para identificarlas y comprenderlas, de modo que puedas gestionarlas. Como mencioné en el capítulo anterior, explorar la raíz del apego ansioso puede traer a la superficie eventos traumáticos en tu vida. Por lo tanto, te animo a consultar con un terapeuta o consejero profesional si consideras que necesitas apoyo.

AUTOIDENTIFICACIÓN Y COMPRENSIÓN DEL APEGO ANSIOSO

Para lograr la salud emocional y el crecimiento personal, especialmente en el ámbito de las relaciones, necesitas una comprensión clara de tu estilo de apego. Te recomiendo que utilices herramientas de autoevaluación para comprender cómo te comportas y respondes emocionalmente.

Puedes empezar haciendo cuestionarios y evaluaciones en línea. Si buscas estas herramientas, limítate a sitios web de psicología acreditados. Cuando completes estos cuestionarios, recuerda que están diseñados para ayudarte a comprender tu estilo de apego actual. Por lo general, plantearán varias preguntas sobre tus comportamientos y emociones en las relaciones. Por ejemplo, los cuestionarios pueden invitarte a reflexionar sobre tus sentimientos y comportamientos relacionales. Así, podrían surgir preguntas como "¿Te preocupa a menudo que tu pareja no te ame?" o "¿Con qué frecuencia buscas la reafirmación de tu pareja?" También podrías ser invitado a reflexionar sobre tus reacciones cuando tu pareja no responde a un mensaje tan rápidamente como te gustaría. Responder a estas preguntas con honestidad puede proporcionarte una imagen más clara de tu estilo de apego.

El siguiente paso es interpretar los resultados de tu evaluación. Los cuestionarios o inventarios formales que realices pueden ofrecerte un método de puntuación para clasificar tu estilo de apego. Asegúrate de comprender cómo se desglosan las puntuaciones. Podrías tener un estilo de apego ansioso si obtienes una puntuación alta en las preguntas relacionadas con el miedo al abandono. Comparar tus resultados con los estilos de apego conocidos puede ser útil para obtener una mayor perspectiva. Si los resultados indican que tiendes a tener un apego ansioso, es fundamental familiarizarte con los comportamientos y sentimientos asociados a este estilo. Posteriormente, debes identificar las áreas en las cuales puedes mejorar. ¿Sientes constantemente que necesitas reafirmación o tienes dificultades para confiar? Al enfocarte en estas áreas, podrás optimizar tus esfuerzos para realizar cambios específicos.

Tu transformación fundamental puede comenzar al conectar los resultados de tu evaluación con tus patrones y comportamientos relacionales diarios. Si tus resultados indican una ansiedad intensa en las relaciones, es probable que sobreanalices todo lo que tu pareja dice y hace, buscando una validación constante. Puedes visualizar las dinámicas en juego imaginando escenarios específicos. Por ejemplo, si tu pareja está ocupada en el trabajo y no envía una respuesta inmediata a tus mensajes, podría indicar un estilo de apego ansioso si sientes inquietud por que no le importas o por que está perdiendo interés. Al comprender cómo los resultados de tu evaluación se vinculan a tu comportamiento, podrás identificar los patrones que debes abordar de manera más efectiva.

Existen también cuestionarios reflexivos que puedes realizar. Una de las ventajas de estas herramientas es que requieren una reflexión sobre tus emociones y comportamientos, ayudándote a comprender tus patrones y desencadenantes potenciales. Algunas preguntas que podrías necesitar responder incluyen: "¿Cuáles son tus emociones cuando tu pareja no está presente?" y "¿Cuáles son los mayores temores que sueles tener en las relaciones?" Al responder estas preguntas, lograrás una claridad significativamente mayor al entender tu estilo de apego. Una opción más profunda es realizar un inventario de estilos de apego. Si asistes a un terapeuta, probablemente se te pedirá que respondas a las preguntas de uno de estos inventarios. Se utilizan para evaluar tu estilo de apego y abordan tus experiencias infantiles y tu historia relacional.

También podrías consultar una lista de comprobación de comportamientos de apego ansioso habituales como referencia rápida. Algunos comportamientos incluyen la tendencia a pensar demasiado y rumiar sobre tus relaciones. Estas listas de comprobación te ayudarán a reconocer los signos y síntomas típicos del apego ansioso. Como se ha mencionado anteriormente, es probable que muestres una necesidad excesiva de reafirmación si tienes este estilo de apego. Por ejemplo, es posible que busques constantemente la validación de tu pareja, haciéndote preguntas como: "¿Todavía me quieres?" o "¿Estás enfadado conmigo?". La raíz de esta necesidad constante de afirmación suele estar causada por un miedo profundamente arraigado al abandono. Este miedo puede manifestarse de varias formas, como imaginando que un comportamiento neutral significa rechazo o con sentimientos de ansiedad cuando la pareja no está disponible inmediatamente. Es posible que repitas conversaciones en tu mente a menudo, diseccionando cada palabra y acción, buscando significados ocultos. Probablemente te preocupen los posibles problemas en el futuro de la relación, aunque no haya problemas aparentes actualmente.

Llevar un diario reflexivo es otra práctica útil para identificar el apego ansioso, que te incita a examinar y comprender en profundidad tus experiencias y emociones. Por ejemplo, podrías escribir utilizando preguntas para guiarte como "¿Qué tiende a causarme ansiedad en las relaciones?" y "¿Cómo reacciono cuando siento miedo a que me abandonen?". Utilizar estas preguntas reflexivas te ayudará a aumentar tu autoconciencia. Pueden ayudarte a comprender mejor tu estilo de apego y a descubrir patrones mediante el seguimiento de tus emociones y pensamientos.

También puedes hacer ejercicios de espejo para reflexionar sobre tus sentimientos y tu mundo interior. Para ello, mírate al espejo y mantén una conversación sincera contigo mismo sobre tus miedos e inseguridades. Realizar este ejercicio es útil para enfrentarte a tus emociones y comprenderlas a un nivel más profundo. También puedes beneficiarte de las meditaciones guiadas para lograr una mejor conciencia interior. El objetivo principal de estas meditaciones es anclarte en el momento presente y mantener la conciencia de tus pensamientos sin juzgarlos. Esto te ayuda a desarrollar un enfoque más equilibrado y consciente de tus emociones.

Es más fácil observar cómo el apego ansioso puede manifestarse en tu vida si consideramos algunas historias personales que he escuchado. Por ejemplo, tomemos a Emma, quien tiene un estilo de apego ansioso y, en el pasado, ha experimentado una ansiedad constante en sus relaciones. Siempre deseaba reafirmación y temía que sus parejas la abandonaran, lo que, lamentablemente, a menudo terminaba con sus parejas sintiéndose alejadas y frustradas. Emma comenzó a ayudarse a sí misma mediante la autoexploración y la terapia, lo que le permitió darse cuenta de su estilo de apego ansioso y le proporcionó herramientas para trabajar en el aumento de su autoestima y la confianza mutua en las relaciones.

Vemos una historia similar con John, quien luchaba con problemas de confianza en su relación. A menudo tenía dificultades para creer que su pareja le profesaba un afecto y una lealtad auténticos. Como consecuencia de esta falta de confianza, John experimentaba ansiedad, angustia emocional y discusiones constantes con su pareja. Al reconocer que tenía un estilo de apego ansioso y recibir la ayuda adecuada, John pudo sentirse más seguro en sus relaciones, lo que le ayudó a fortalecer su pareja y profundizar la relación.

No consideres que reconocer tu estilo de apego es etiquetarte a ti mismo. Identificar y comprender tu estilo de apego y cómo se manifiesta en tu vida, es esencial para lograr una mayor comprensión y tener relaciones más sanas y satisfactorias.

Cuando tienes un estilo de apego ansioso, a menudo sientes que existe un conflicto constante entre el ansia de cercanía y el miedo a la pérdida. Utilizar herramientas de autoevaluación, reflexionar sobre historias personales y hacer ejercicios de reflexión puede ayudarte a empezar a comprender y a desengancharte de los patrones de apego ansioso. Con esta toma de conciencia, serás mucho más capaz de tomar medidas concretas, gestionar tu ansiedad relacionada con el apego y construir relaciones duraderas y más seguras.

HISTORIA PERSONAL DE APEGO: TRAZANDO EL MAPA DE TU PASADO

Otra herramienta que me ha resultado útil es crear una línea de tiempo del apego que te proporcione una visión crucial de cómo tu pasado determina cómo te sientes y te comportas en el presente. Empieza por pensar en los acontecimientos y relaciones significativos de tu vida. Piensa en tus primeros recuerdos de conexión y desconexión. ¿Te sentiste seguro y querido en esos momentos, o recuerdas alguna negligencia o incoherencia? Cuando identifiques estos acontecimientos, te resultará más fácil ver el panorama general. Reflexiona sobre los momentos cruciales. Pueden ser la mudanza a una nueva ciudad, el divorcio de tus padres o el nacimiento de un nuevo hermano. Cada uno de estos acontecimientos puede influir en tu sensación de estabilidad y seguridad. Piensa en cómo te sentiste durante acontecimientos como éstos, y analiza las razones de tus sentimientos. Comprenderás cómo se desarrolló tu estilo de apego cuando traces un mapa de tu pasado de este modo.

Recuerda lo que he comentado antes sobre cómo las experiencias de tu infancia con tus cuidadores influyen enormemente en tu futuro estilo de apego. Dedica tiempo a contemplar tus relaciones con tus padres o cuidadores principales. ¿Te provocaban ansiedad o incertidumbre, o eran fiables y constantes? También debes tener en cuenta la dinámica familiar. Si tuviste un entorno familiar impredecible o caótico, es posible que hoy padezcas de ansiedad e hipervigilancia. Recuerda que las experiencias tempranas afectan a cómo nos sentimos y actuamos en nuestras relaciones.

También es crucial que analices tus relaciones anteriores. Considera tus relaciones románticas y platónicas anteriores. ¿Cuáles eran tus sentimientos y tu estado emocional en esas relaciones? ¿Tenías ansiedad por el abandono o por no ser lo suficientemente bueno? Presta atención a los temas y comportamientos comunes. Podrías notar una tendencia a depender excesivamente de tus parejas. También podrías darte cuenta de que te pones celoso e inseguro con frecuencia. Es esencial examinar los patrones en tu forma de responder emocionalmente. Cuando tienes que enfrentarte a un conflicto, ¿tienes una reacción ansiosa? ¿O sueles retraerte y simplemente cerrarte? Al comprender estos patrones, te resultará más fácil entender qué causó tu apego ansioso.

Es necesario realizar un profundo proceso de introspección para sanar las heridas del apego del pasado. La terapia cognitivo-conductual (TCC) y otros enfoques terapéuticos, como la Desensibilización y Reprocesamiento por Movimientos Oculares (EMDR), pueden ser increíblemente efectivos. Estas terapias te ayudarán a procesar y reestructurar experiencias traumáticas, disminuyendo su impacto en tu vida actual. También deberías practicar ejercicios de autocompasión. Procura ser amable y compasivo contigo mismo, especialmente cuando enfrentas la ansiedad. Este cambio en tu diálogo interno puede resultar transformador para tu bienestar emocional y autoestima. Yo también he obtenido beneficios al reescribir mis narrativas. Evita verte a ti mismo como víctima de tu pasado. En lugar de eso, piensa en ti mismo como un sobreviviente que ha utilizado sus experiencias para aprender y crecer. Haz este cambio en tu perspectiva y empodérate con confianza. Esto te hará más resiliente.

DESENCADENANTES EMOCIONALES: IDENTIFICARLOS Y COMPRENDERLOS

Reflexionar profundamente acerca de tus experiencias y reacciones puede ayudarte a descubrir los patrones emocionales ocultos de tu estilo de apego ansioso, aumentando tu autoconciencia. También te ayudará a conocer los factores que te desencadenan en las relaciones.

Un desencadenante emocional es algo que provoca una reacción emocional intensa. Por ejemplo, puedes identificar situaciones concretas que te provocan inseguridad o ansiedad. También puede ser un recuerdo o un acontecimiento. Si posees un apego ansioso, es probable que enfrentes desencadenantes que te hagan sentir inseguro o temeroso. Estos desencadenantes pueden incluir percepciones de rechazo, críticas o incluso instancias menores de negligencia. Por ejemplo, si tu pareja parece distraída durante una conversación, es posible que inmediatamente temas que esté perdiendo interés. Estos desencadenantes pueden dar lugar a respuestas emocionales intensificadas, tales como ansiedad, ira o tristeza, a menudo desproporcionadas en relación con el evento real. Comprender tus desencadenantes es crucial para saber cómo afectan tu bienestar emocional y la dinámica de tus relaciones.

Una forma sencilla de comenzar a identificar tus desencadenantes es llevar un diario de desencadenantes. Cada vez que experimentes una fuerte reacción emocional, anota la situación que la causó. Detalla los pormenores, incluyendo lo que se dijo, dónde te encontrabas y quién estaba involucrado. Reflexiona sobre tus reacciones emocionales pasadas. Considera las situaciones en las que experimentaste ansiedad o temor intensos. ¿Qué estaba sucediendo en ese momento? ¿Qué pensamientos recorrían tu mente? Además, presta atención a las respuestas físicas y emocionales que experimentas al exponerte a estos desencadenantes. Familiarízate con las señales físicas de haber activado un desencadenante; podrían ser un nudo en el estómago, un corazón acelerado o una sensación de fatalidad inminente.

Una vez que hayas identificado tus desencadenantes, es el momento de gestionarlos. Puedes realizar actividades autocalmantes, como tomar un baño caliente o escuchar tu música favorita. Los ejercicios de atención plena también pueden ser útiles, así como las técnicas de relajación como la respiración profunda, la relajación muscular progresiva y la meditación de atención plena. Estos ejercicios pueden calmar tu sistema nervioso y reducir la intensidad de tus reacciones emocionales. También te recomiendo emplear técnicas de reestructuración cognitiva. Esto significa que cambias la manera en que interpretas el evento que te desencadena. Si te sientes afectado porque tu pareja no responde de inmediato a un mensaje, puedes reorientar tu pensamiento que lo interpreta como un rechazo personal, sustituyéndolo por la idea de que probablemente esté demasiado ocupado para responder.

Es igualmente esencial desarrollar mecanismos de afrontamiento eficaces. Por ejemplo, puedes buscar apoyo de un amigo de confianza o comenzar un nuevo pasatiempo. (En el próximo capítulo repasaremos estas estrategias y técnicas con mayor profundidad).

Veamos un caso específico con Sarah, quien tendía a experimentar una intensa ansiedad cada vez que su pareja, Tom, no respondía de inmediato a sus mensajes. Gracias a llevar un diario de desencadenantes, pudo identificar que su ansiedad se descontrolaba cuando Tom estaba ocupado con su trabajo o salía con amigos. Al reflexionar sobre su infancia, se dio cuenta de que la falta de disponibilidad de su padre era la causa raíz de su estilo de apego ansioso. Comenzó a utilizar la reestructuración cognitiva, diciéndose a sí misma que Tom no la estaba rechazando cuando había un retraso en su respuesta. Además, incorporó la práctica de la atención plena a su rutina, lo cual fue fundamental para mantenerla centrada. Eventualmente, su ansiedad disminuyó y se sintió segura y estable en su conexión con su pareja.

Así que, para empezar, reservemos un tiempo cada día para reflexionar sobre tus desencadenantes y cómo respondes emocionalmente a ellos. Toma nota de las situaciones que provocaron una reacción emocional intensa y considera por qué pudieron haber tenido ese efecto.

CAPÍTULO 3
EL MANEJO DE LA ANSIEDAD Y LA REGULACIÓN EMOCIONAL

HA HABIDO OCASIONES EN LAS QUE ME HE DESPERTADO A MITAD DE LA noche, con el corazón palpitando y los pensamientos desbocados. Antes de aprender a lidiar con esto, mi preocupación no desaparecía, a pesar de mis intentos por calmarme. ¿Alguna vez has tenido momentos así? Muchos de nosotros hemos soportado una ansiedad intensa desencadenada por los temores de abandono que surgen junto a los sentimientos de inseguridad en nuestras relaciones.

Las estrategias prácticas para controlar la ansiedad son un salvavidas en momentos como estos. En el siguiente capítulo, hablaremos de las herramientas que puedes utilizar para aliviar tu estrés y regular tus emociones. Luego, estudiaremos algunas estrategias de mantenimiento y planificación a largo plazo para lograr el equilibrio emocional y crear una rutina diaria de manejo de la ansiedad.

ESTRATEGIAS Y HERRAMIENTAS PARA ALIVIAR LA ANSIEDAD Y REGULAR LAS EMOCIONES

Considera esta sección como una caja de herramientas a la que recurrir cuando te enfrentes a momentos similares al mencionado anteriormente. Revisaremos varias técnicas que podrás emplear para aliviar tu ansiedad y regular tus emociones.

Técnicas autocalmantes para un alivio inmediato

La auto-calma implica confortarte a ti mismo cuando te sientes estresado o ansioso. Se trata de una habilidad crucial para todos nosotros, pero es especialmente esencial si sufres de ansiedad y tienes un estilo de apego ansioso. Las técnicas de auto-calma te ayudarán a regular tus emociones, reducir el estrés y regresar a un estado de calma.

Cuando te auto-calmas, te haces sentir seguro y a salvo dentro de ti mismo. Autocalmarte es encontrar formas de calmarte mental y físicamente cuando no puedes encontrar ningún consuelo externo. Desempeña un papel vital en la regulación emocional. No necesitarás que otras personas te tranquilicen constantemente porque serás capaz de controlar tus respuestas emocionales. Este sentimiento de independencia te empoderará y te permitirá disfrutar de una mayor estabilidad y satisfacción en tus relaciones.

Si tienes un estilo de apego ansioso, hay muchas situaciones en las que necesitarás auto-calmarte. Un ejemplo podría ser sentirte ansioso después de estar en desacuerdo con tu pareja, y puedes utilizar la auto-calma para ayudarte a tranquilizarte y lograr claridad de pensamiento. Si sientes ansiedad en entornos sociales o cuando te encuentras en circunstancias inciertas, también puedes utilizar técnicas auto-calmantes para obtener un alivio inmediato y ayudarte a desenvolverte en ese tipo de situaciones.

Aquí tienes algunas estrategias prácticas de auto-calma física que puedes probar:

1. **Mantas con peso**: Se han hecho populares últimamente, y muchas personas las encuentran reconfortantes. La manta ejerce una suave presión que imita un abrazo reconfortante, fomentando la seguridad y la calma. Es beneficiosa en momentos de ansiedad intensa o cuando te cuesta conciliar el sueño.
2. **Baño caliente**: Un baño caliente es otra forma fantástica de calmar tu cuerpo y tu mente. El calor del agua puede reducir tu ansiedad y relajar tus músculos. Puedes añadir una fragancia relajante (la lavanda es una buena opción) a tu baño, para que sea aún más relajante.
3. **Ejercicio ligero**: Otro método auto-calmante es el ejercicio físico ligero, como caminar o hacer yoga suave. El ejercicio ayuda porque libera endorfinas, que son estimulantes naturales del estado de ánimo. Además, te ayuda a distraer la mente de los pensamientos que te provocan ansiedad.

Junto con las técnicas físicas, también puedes utilizar métodos emocionales autocalmantes:

1. **Escuchar música**: Un ejemplo es escuchar música tranquila. Personalmente, encuentro que esto transforma

rápidamente mi estado de ánimo hacia uno más pacífico, reduciendo la ansiedad y promoviendo la relajación. Crea una lista de reproducción con canciones calmantes y utilízala durante los momentos estresantes.

2. **Afirmaciones positivas**: También recomiendo hacer afirmaciones positivas. Cuando utilizas afirmaciones, desafías los pensamientos negativos y fomentas una perspectiva más equilibrada. Algunas afirmaciones útiles podrían ser: "Estoy seguro y soy amado", "Soy capaz de manejar esto" y "Confío en el proceso de la vida". Repitiendo estas afirmaciones, cambiarás positivamente tu mentalidad y reducirás tu ansiedad.

3. **Actividades creativas**: También puedes intentar participar en actividades creativas como dibujar, pintar o escribir. Estas actividades son una salida saludable y productiva para la expresión emocional y pueden considerarse un tipo de práctica de atención plena, mejorando tu concentración.

He descubierto que tener un conjunto personal de herramientas de auto-calma es sumamente útil. Esto ha facilitado la incorporación de la auto-calma en mi vida diaria. Incluye elementos que te hagan sentir feliz y reconfortado, como un diario, una manta o un libro. Siempre mantengo mi kit de auto-calma cerca, listo para ser usado cuando lo necesite. Dedicar tiempo cada día para realizar actividades de auto-calma puede ayudar a prevenir la ansiedad antes de que comience. Esto podría ser simplemente practicar la respiración profunda cada mañana o disfrutar de un relajante baño por la noche.

Como vemos, la auto-calma es beneficiosa para quienes sufren la ansiedad del apego ansioso. Saber cómo calmarte a ti mismo sin depender de la ayuda de otros puede contribuir a crear relaciones más pacíficas y estables.

Ejercicios de conexión a tierra para la ansiedad y la estabilidad emocional

He descubierto que los ejercicios de enraizamiento, también conocidos como ejercicios de anclaje o *grounding*, son prácticos para estabilizar la ansiedad y las emociones. Haz ejercicios de enraizamiento para mantener tu mente en el presente y conectada con el aquí y el ahora. El *grounding* ha conseguido anclarme cuando me he sentido abrumada por la ansiedad. Cuando te conectas a tierra, utilizas tus sentidos para asegurar tu enfoque en el presente. Sé, por experiencia propia, que ésta puede ser una herramienta enormemente útil cuando estás ansioso. Centra tu atención en experiencias tangibles y sensoriales, y descubrirás que te ayuda a interrumpir el ciclo de la preocupación, estableciendo un mejor control sobre tu estado emocional.

La conexión a tierra tiene muchos beneficios. Uno de ellos es que reduce la sensación inmediata de pánico, creando una sensación de calma. El *grounding* también puede ser un botón de reinicio mental y emocional, que te permite liberarte de las garras de los pensamientos ansiosos. Prueba practicarlo antes de situaciones que te pongan nervioso, como una gran presentación en el trabajo o durante una conversación emocionalmente cargada.

Aquí tienes una técnica eficaz de conexión física a tierra: se llama técnica 5-4-3-2-1. Involucra todos tus sentidos y te hace reconectar con tu entorno. Puedes practicarla identificando cinco cosas que puedas ver a tu alrededor. A continuación, céntrate en cuatro cosas que puedas tocar, seguidas de tres cosas que puedas oír. Luego, céntrate en dos cosas que puedas oler y en una cosa que puedas saborear. Realizar este ejercicio te ayuda a redirigir tu atención lejos de los pensamientos ansiosos y de vuelta al momento presente. Otra técnica sorprendentemente eficaz es sostener un cubito de hielo u otro objeto frío. La intensa sensación de frío puede sacarte de tu estado de ansiedad al obligarte a centrarte en la sensación física. Otra forma de conectarte a tierra es caminar descalzo sobre la hierba. Te beneficiarás de la relajante textura y frescor de la hierba y te sentirás más conectado con la tierra.

También puedes probar técnicas mentales de conexión a tierra. Una de las que utilizo a menudo es contar hacia atrás partiendo de cien. Requiere atención y concentración, lo que ayuda a distraer tu mente de la ansiedad. También puedes intentar crear una descripción detallada de un objeto para ayudar a enraizar tu pensamiento. Elige un objeto cercano y describe su tamaño, forma, color y textura. Hacer esto significa que tienes que centrarte en algo específico y tangible, y te alejarás de tus pensamientos ansiosos. Otro enfoque consiste en recitar un poema o una canción que te guste. El ritmo y la familiaridad de las palabras pueden ser calmantes, y al centrarte en recitar o cantar, desvías tu atención de la ansiedad.

Te recomiendo que te crees una rutina de enraizamiento. Puede ayudarte a que los ejercicios de conexión a tierra formen parte de tu vida cotidiana. Decide los momentos concretos de cada día en los que harás grounding. Puede ser por la mañana, al empezar el día, o por la noche, cuando quieras relajarte. Recomiendo combinar las técnicas de grounding con otras estrategias para controlar la ansiedad. Aquí tienes un ejemplo. Podrías empezar con un ejercicio de enraizamiento seguido por una meditación de atención plena o un ejercicio de respiración. También es útil hacer ejercicios de enraizamiento en distintos entornos para mejorar tu adaptabilidad. Asegúrate de contar con un repertorio de técnicas de anclaje que faciliten tu manejo de la ansiedad en cualquier lugar en el que te encuentres.

Como se muestra aquí, las técnicas de enraizamiento te ayudarán a gestionar tus emociones si tienes un estilo de apego ansioso. Al comprender lo importante que es permanecer conectado a tierra y utilizar ejercicios mentales y físicos de conexión a tierra en tu rutina diaria, crearás una mayor sensación de estabilidad. Esto te ayudará a mantener la calma cuando tu ansiedad comience a aumentar. Te recomiendo que desarrolles una rutina de enraizamiento consistente, que te permita afrontar tu apego ansioso de manera eficaz.

Prácticas de visualización para calmar la mente

La visualización es una estrategia altamente efectiva, ya que funciona como una poderosa herramienta para gestionar la ansiedad. Ofrece beneficios psicológicos y fisiológicos que pueden aliviar drásticamente tu estrés. Involucrarte en la visualización significa usar tu mente para crear imágenes calmantes y pacíficas que ayuden a reducir tu ritmo cardíaco y la tensión muscular. Hay una base científica detrás de esta técnica, que se fundamenta en cómo la visualización puede activar los mismos circuitos neuronales que las experiencias reales. Cuando imaginas vívidamente un escenario tranquilo, obtienes una respuesta cerebral similar a la que experimentarías al estar en ese entorno. Esto conlleva a la liberación de neurotransmisores calmantes como la dopamina y la serotonina. La visualización es una herramienta increíblemente valiosa cuando te enfrentas a situaciones de alto estrés, como antes de una reunión importante, durante una confrontación o incluso cuando te sientes abrumado por las tareas diarias. Te proporciona una escapatoria mental, permitiéndote recuperar el control sobre tus emociones y pensamientos.

La parte más importante de la visualización son los ejercicios de imaginación guiada. Uno de los ejercicios más efectivos es visualizar un lugar pacífico. Cierra los ojos e imagina un espacio cómodo y tranquilo que fomente una mente serena. Puede ser una playa, un bosque o una habitación acogedora. Tómate el tiempo para imaginar y visualizar todos los detalles. Por ejemplo, al imaginar la playa, considera el sonido de las olas rompiendo y la sensación de la arena bajo tus pies. Este lugar puede convertirse en un santuario mental al que puedes retirarte siempre que sientas ansiedad. Otro ejercicio útil es imaginar un resultado positivo para cualquier situación estresante en la que te encuentres. ¿Te preocupa una presentación que debes realizar en el trabajo? Visualízate hablando con confianza y recibiendo comentarios positivos, así como sintiendo la satisfacción de haberlo logrado. Utilizar esta imaginación positiva puede tener un impacto enorme en la reducción de la ansiedad y en la construcción de la confianza. También puedes crear un santuario mental para la relajación. Diseña un espacio en tu mente al que puedas retirarte cada vez que la ansiedad te golpee. Imagina una serie de objetos reconfortantes en él, como almohadas suaves, colores calmantes y sonidos reconfortantes.

Puedes integrar técnicas prácticas de visualización en tu vida diaria con facilidad. Considero que la visualización del "lugar seguro" es muy eficaz en muchas situaciones. Siempre que te sientas ansioso, cierra los ojos e imagina un lugar en el que te sientas completamente a salvo y seguro. Por ejemplo, la casa de tu infancia, tu lugar de vacaciones favorito o incluso un mundo imaginario. También es bueno visualizar el éxito en situaciones difíciles. Siempre que tengas que enfrentarte a una tarea difícil, visualízate a ti mismo logrando el éxito durante unos instantes. Imagínate afrontando el reto de frente, triunfando, recibiendo elogios y sintiéndote orgulloso. Según mi experiencia, esta técnica es estupenda para aumentar la confianza y reducir la ansiedad. También puedes probar la visualización consciente, sobre todo cuando realizas actividades cotidianas. Por ejemplo, mientras lavas los platos, imagina que el agua se lleva tu estrés. O tal vez, mientras caminas, podrías visualizar que cada paso te enraíza y te acerca a un estado de calma.

Piensa en utilizar aplicaciones y herramientas de visualización. Algunas ofrecen ejercicios guiados, que son estupendos para recordarte que practiques con regularidad. Muchas apps o videos con visualizaciones guiadas pueden ser muy eficaces. Ofrecen una variedad de visualizaciones guiadas adaptadas a distintas necesidades. Recomiendo combinar la visualización con otras técnicas de relajación para que sea aún más eficaz. Por ejemplo, yo suelo empezar con una respiración profunda para relajarme antes de empezar mi visualización.

Con las prácticas de visualización adecuadas, dispones de una forma sólida y accesible de controlar tu ansiedad. Comprendiendo los beneficios y la ciencia que hay detrás de la visualización, realizando ejercicios de imaginación guiada e incorporando técnicas prácticas a tu rutina diaria, puedes crear un conjunto de herramientas mentales para reducir el estrés y mejorar tu bienestar emocional. Con la visualización, puedes crear un santuario mental, un lugar donde hallar paz y calma en medio del caos de la vida cotidiana, que te ayude a superar los retos con mayor facilidad y confianza.

Ejercicios respiratorios para reducir el estrés y regular las emociones

Realizar ejercicios de respiración puede ser una herramienta poderosa para gestionar el estrés y la ansiedad. La respiración afecta profundamente las respuestas fisiológicas de tu cuerpo. Las técnicas de respiración profunda, por ejemplo, pueden activar tu sistema nervioso parasimpático, ayudando a calmar tu cuerpo y reducir la respuesta de lucha o huida. La respiración controlada puede disminuir tu frecuencia cardíaca, aliviar la tensión muscular y promover la relajación. Las técnicas de respiración también son útiles para la regulación emocional en general.

1. **Respiración diafragmática**: También conocida como respiración abdominal, es un método sencillo pero eficaz para calmar la mente. Respirar profundamente con el diafragma activa el sistema nervioso parasimpático, fomentando la relajación. Esta técnica puede ayudar a reducir la ansiedad, disminuir los niveles de estrés y

aportar una sensación de calma. Empieza por sentarte o recostarte en una postura cómoda. Coloca una mano sobre el pecho y la otra sobre el vientre. Respira hondo por la nariz para que el vientre se eleve a medida que el aire llena los pulmones. Tu pecho debe permanecer relativamente quieto. Exhala lentamente por la boca, permitiendo que tu abdomen baje. Repite estos pasos varias veces durante varios minutos, concentrándote en el ascenso y descenso de tu abdomen. Esta técnica ayuda a profundizar la respiración y a promover la relajación..

2. **Respiración resonante**: También denominada respiración coherente, esta técnica consiste en respirar a un ritmo que maximiza la variabilidad de tu frecuencia cardiaca, lo que puede favorecer la relajación y la estabilidad emocional. Cuando quieras practicar la respiración resonante, siéntate o recuéstate cómodamente, inhala lentamente por la nariz durante unos segundos y luego exhala lentamente también por la nariz. Intenta mantener un ritmo constante y uniforme, respirando a unas cinco respiraciones lentas y profundas por minuto. Esta técnica suele ser eficaz para sincronizar el ritmo cardiaco y la respiración, reduciendo el estrés y la ansiedad.

3. **Respiración 4-7-8**: Esta es otra poderosa técnica respiratoria para reducir la ansiedad. Empieza por sentarte o recostarte y ponerte cómodo. Cierra los ojos e inhala tranquilamente por la nariz contando hasta cuatro. Mantén la respiración durante 7 segundos. Luego, exhala completamente por la boca contando hasta ocho. Esta espiración prolongada te ayuda a expulsar más aire de los pulmones, promoviendo una sensación de calma. Repite

este ciclo tres o cuatro veces, permitiéndote relajarte con cada respiración.

4. **Respiración en caja:** También conocida como respiración cuadrada, es una técnica que utilizan los Navy SEALs para mantener la calma y la concentración incluso en las situaciones de mayor presión. A continuación te explicamos cómo practicar la respiración en caja. Siéntate cómodamente con la espalda recta y cierra los ojos. Inhala lentamente por la nariz contando hasta cuatro. Intenta mantener la respiración mientras cuentas hasta cuatro. Por último, exhala lentamente por la boca, de nuevo, contando hasta cuatro. Repite este ciclo de cuatro a cinco veces, manteniendo un ritmo constante. Utilizar esta técnica puede ayudarte a controlar tu respiración, reduciendo la ansiedad.

5. **Respiración por fosas nasales alternas**: prueba esta técnica respiratoria avanzada para alcanzar un nivel de relajación más profundo. La respiración con fosas nasales alternas, también llamada *Anulom Vilom*, es una práctica que utilizan los practicantes de yoga para equilibrar la mente y el cuerpo. Siéntate en una postura cómoda, manteniendo la columna recta. Con el pulgar derecho, cierra la fosa nasal derecha e inhala profundamente por la izquierda. Luego, cierra la fosa nasal izquierda con el dedo anular y suelta la derecha, exhalando completamente por la derecha. Inhala por la fosa nasal derecha, ciérrala con el pulgar y exhala por la izquierda. Sigue repitiendo este patrón durante varios minutos, concentrándote en tu respiración. Esta técnica puede hacer que te sientas más equilibrado y tranquilo.

6. **Meditaciones de conteo de la respiración**: También me gusta hacer una combinación de respiración y meditación. Es otra técnica avanzada que combina la atención plena y la respiración controlada. Empieza sentándote cómodamente con la espalda recta y cierra los ojos. Respira profundamente unas cuantas veces y tómate tu tiempo para acomodarte. Luego, respira con naturalidad y empieza a contar cada exhalación. Cuenta "uno" en la primera exhalación, "dos" en la siguiente, y así sucesivamente. Sigue así hasta que llegues a cinco. Después de llegar a cinco, vuelve a empezar en uno. Si tu mente divaga, vuelve a centrarte suavemente en la respiración y en el conteo. Con esta técnica, te mantendrás presente y centrado, aliviando tus pensamientos ansiosos.

Los ejercicios de respiración pueden reducir significativamente el estrés y la ansiedad en la vida cotidiana. Por lo tanto, crear recordatorios para practicar ejercicios de respiración en distintos momentos del día puede ser beneficioso. Por ejemplo, podrías hacer tus ejercicios de respiración por la mañana, durante la pausa para comer o antes de acostarte. Combinar los ejercicios de respiración con la atención plena y la meditación hará que sean aún más centrados y tranquilizadores. Por ejemplo, puedes empezar con un ejercicio de respiración para calmar la mente, y luego practicar una meditación de atención plena para mantenerte en el momento presente. Recuerda que, una vez que aprendas a hacer ejercicios de respiración, puedes realizarlos en diversas situaciones, como en casa, en el trabajo o en lugares públicos. Al contar con un repertorio de técnicas de respiración, podrás empoderarte para gestionar la ansiedad sin importar dónde te encuentres.

Técnicas Cognitivo-Conductuales para el control de la ansiedad

La Terapia Cognitivo-Conductual (TCC) se ha establecido como uno de los métodos más efectivos para el manejo de la ansiedad. Con la TCC, te enfocas en notar y cambiar tus patrones de pensamiento negativos que te causan ansiedad y malestar. Esta modalidad se basa en la interconexión de tus sentimientos, pensamientos y comportamientos. Abordar patrones de pensamiento irracionales y poco útiles puede influir positivamente en tus emociones y conductas. La TCC es especialmente beneficiosa para personas con apego ansioso, ya que ofrece métodos prácticos para desafiar tus pensamientos preocupantes, proporcionándote una forma de reestructurarlos. Al participar en la terapia TCC, te empoderas para tomar el control necesario sobre tu ansiedad, mejorando así tu salud psicológica y la salud de tus relaciones.

Al iniciar la TCC, uno de los primeros pasos que tomarás es identificar tus patrones de pensamiento negativos. En la TCC, estos patrones se denominan distorsiones cognitivas. Incluyen trampas comunes, como la catastrofización, que es cuando imaginas el peor resultado posible o te enfrentas a un pensamiento en blanco y negro, visualizando las situaciones en extremos sin comprender que existen áreas grises y un punto medio. Llevar un diario de pensamientos es una poderosa herramienta para este propósito; cada vez que empieces a sentir ansiedad, anota la situación, lo que piensas de ella y las emociones resultantes de tus pensamientos. Existen preguntas específicas que puedes hacerte para reflexionar. Por ejemplo, pregúntate: "¿Qué evidencias tengo para este pensamiento?" o "¿Hay otra forma de interpretar esta situación?" Al plantearte estas preguntas, se te anima a pensar de manera crítica sobre cómo sueles reaccionar.

Después de haber notado tus pensamientos negativos, debes proceder a la reestructuración cognitiva. Este proceso significa desafiar y modificar tus pensamientos negativos. Comienza contemplando la evidencia a favor y en contra de tus pensamientos ansiosos. Por ejemplo, si piensas "Mi pareja no me llamó, por lo que debe estar perdiendo interés", busca evidencia que contradiga este pensamiento, como las ocasiones en que tu pareja te ha mostrado cuidado y afecto. También es útil intentar reestructurar tus pensamientos de manera positiva. Por ejemplo, en lugar de pensar "No me llamó porque no le importo", podrías reformular este pensamiento como "Probablemente esté ocupado, pero llamará cuando pueda." Al practicar el uso de un pensamiento alternativo y equilibrado, te entrenas para aplicar consistentemente tus nuevos pensamientos racionales hasta que se conviertan en una segunda naturaleza.

La TCC implica una combinación de técnicas conductuales y estrategias cognitivas. Los ejercicios de exposición te permiten enfrentar tus miedos con un enfoque controlado y gradual. ¿Temes estar solo? Podrías comenzar por pasar períodos cortos de tiempo a solas, aumentando gradualmente el tiempo a medida que te sientas más cómodo. También puedes realizar experimentos conductuales para ayudar a poner a prueba la validez de tus pensamientos negativos. Tomemos un ejemplo: si crees que pedirle una reafirmación de su amor molestaría a tu pareja, intenta preguntarle esto de manera calmada y cuidadosa y observa qué reacción obtienes. Hacer esto puede proporcionarte evidencia real que contradiga tus temores. Este tipo de ejercicio facilita la desensibilización gradual, lo que significa exponerte lentamente a situaciones que causan ansiedad para reducir tu sensibilidad con el tiempo. ¿Te causan estrés las situaciones sociales? Comienza asistiendo a reuniones pequeñas y gradualmente avanza hacia eventos más importantes.

MANTENIMIENTO DE LA REGULACIÓN Y EL EQUILIBRIO EMOCIONAL A LARGO PLAZO

La vida puede ser abrumadora para cualquiera, pero tiende a ser aún más angustiosa para las personas con apegos ansiosos. Por eso son tan importantes la autoconciencia y la regulación emocional. La regulación emocional consiste en gestionar y responder de forma saludable a las propias experiencias emocionales. Es una herramienta esencial para navegar por los altibajos de la vida con mayor facilidad y resiliencia.

Necesitas una regulación emocional sólida para tener una buena salud mental y unas relaciones sanas. Una regulación emocional eficaz significa regular tus emociones incluso en las condiciones más angustiosas. Esto es crucial, ya que la desregulación emocional puede conducir a acciones impulsivas, relaciones tensas y problemas de salud mental. La desregulación emocional se produce cuando tienes respuestas emocionales intensas desproporcionadas a la situación; por ejemplo, sentir una ira abrumadora por un inconveniente menor o experimentar una profunda tristeza por una crítica leve.

Estas reacciones emocionales intensas pueden perturbar tu vida, dificultando el mantenimiento de relaciones estables y una sensación de bienestar. Desarrollar mejores habilidades de regulación emocional puede aumentar tu inteligencia emocional, mejorar tus relaciones y fomentar una sensación de paz interior.

Prácticas regulares de atención plena y respiración para el autoconocimiento

Cuando practicas la atención plena, estás completamente presente en el momento y eres consciente de tus pensamientos, sentimientos y entorno sin emitir juicios. Se trata de prestar atención al aquí y ahora, en lugar de perderte en lamentos del pasado o preocupaciones sobre el futuro. Mejorar tu atención plena aumentará tu autoconciencia, ayudándote a notar tus reacciones emocionales y físicas a medida que suceden. Esta conciencia puede mejorar la regulación emocional, reducir el estrés y fomentar la salud mental. Practicar la atención plena de manera regular puede facilitarte desarrollar una comprensión más profunda de tu mundo interno, haciendo que te resulte más fácil gestionar tus emociones y responder a los desafíos de la vida con mayor claridad y calma.

La práctica regular de la atención plena ofrece numerosos beneficios adicionales, entre los cuales se encuentran la reducción de la ansiedad y el estrés. Al practicar la atención plena, creas un espacio entre tú y tus reacciones, permitiéndote observar tus pensamientos y emociones sin que estos te abrumen. Este desapego puede ayudarte a responder de manera más reflexiva en lugar de reaccionar impulsivamente. La atención plena también puede mejorar el enfoque y la concentración, aumentar la autocompasión y promover la paz interior. Ejemplos de prácticas de atención plena incluyen la respiración consciente, la meditación de escaneo corporal y la observación consciente de las actividades diarias. Cada una de estas prácticas ofrece una forma única de cultivar la conciencia y permanecer en el presente.

Los ejercicios de respiración consciente son una piedra angular de la práctica de la atención plena. Como ya hemos dicho, las técnicas de respiración enfocada consisten en prestar mucha atención a la respiración, sentir cómo el aire llena los pulmones y notar la subida y bajada del pecho. Si tu mente divaga, devuelve suavemente la atención a la respiración. Contar las respiraciones también puede mejorar la atención plena. Inhala profundamente y cuenta "uno", luego exhala y cuenta "dos". Sigue contando con cada respiración hasta llegar a diez, y vuelve a empezar. Este sencillo ejercicio puede ayudarte a anclar tu mente y aumentar tu conciencia del momento presente.

La respiración con conciencia corporal lleva la respiración consciente un paso más allá, centrándose en las sensaciones físicas. Al inspirar, observa cómo se siente el aire al entrar por la nariz, bajar por la garganta y llenar tus pulmones. Presta atención a los movimientos sutiles de tu cuerpo al respirar, como la expansión de la caja torácica y la suave elevación del abdomen. Al exhalar, nota la sensación de que la respiración abandona tu cuerpo y la ligera relajación que le sigue. Con esta práctica, te conectarás más profundamente con tu cuerpo. Puede ser excepcionalmente enraizante y calmante.

Otra herramienta para la autoconciencia es la meditación de escaneo corporal. Esta práctica consiste en escanear mentalmente tu cuerpo de la cabeza a los pies, prestando atención a cualquier sensación que percibas. El primer paso es encontrar una postura cómoda y cerrar los ojos. Empieza a relajarte respirando profundamente unas cuantas veces. Comienza centrándote en la parte superior de la cabeza y desplaza lentamente tu atención hacia abajo a través del cuerpo. Observa cualquier zona de tensión, incomodidad o relajación. Observa tus sensaciones en lugar de intentar cambiar algo. Por ejemplo, puedes sentir tensión en los hombros o calor en las manos. Reflexionar sobre estas sensaciones físicas puede ayudarte a estar más en sintonía con tu cuerpo y sus señales. Un guión de meditación guiada de escaneo corporal puede ayudarte aún más en esta práctica, proporcionándote instrucciones paso a paso que te ayuden a mantenerte centrado y presente.

Utiliza la observación consciente para comprender tu entorno y tus estados internos sin juzgarlos. Observa cada pensamiento y emoción tal como surgen, absteniéndote de etiquetarlos como buenos o malos. Por ejemplo, si notas un sentimiento de tristeza, reconócelo diciéndote a ti mismo: "Me siento triste", sin intentar apartarlo ni analizarlo. Esta conciencia sin prejuicios puede ayudarte a desarrollar una relación de mayor aceptación y compasión contigo mismo. La observación consciente también puede aplicarse a las actividades cotidianas. Tanto si estás fregando los platos, paseando o comiendo, intenta participar plenamente en la experiencia. Observa las imágenes, los sonidos, los olores y las sensaciones que implica la actividad. Esta práctica puede transformar las tareas cotidianas en oportunidades para la atención plena y la permanencia en el presente.

Las preguntas reflexivas pueden mejorar aún más tu práctica de la observación consciente. Pregúntate: "¿Qué pensamientos y emociones estoy experimentando ahora mismo?" o "¿Cómo afecta mi entorno a mi estado de ánimo?". Estas preguntas te animan a explorar tu mundo interior y a profundizar en tu autoconciencia. La práctica regular de la observación consciente te permite desarrollar una mayor sensación de presencia y claridad, lo que te facilita afrontar los desafíos de la vida con una mente calmada y equilibrada.

Ejercicios de autocompasión

La autocompasión es una parte necesaria de la regulación emocional y del bienestar general. Significa que te tratas a ti mismo con la amabilidad y comprensión que ofrecerías a un amigo íntimo. Implica reconocer tu sufrimiento sin juzgarte y reconocer que la imperfección es una experiencia humana compartida. Mostrarte compasión tiene profundos beneficios. Puede reducir tu ansiedad, aumentar la resiliencia y mejorar tu salud mental en general. Veamos un ejemplo. Imagina que has cometido un error en el trabajo. En lugar de criticarte, podrías reconocer que todo el mundo comete errores y utilizarlos como oportunidades de aprendizaje. Este cambio de perspectiva puede conducir a un mejor equilibrio emocional y a una mayor autoaceptación.

Me gusta tomarme pausas de autocompasión. Son una excelente forma de incorporar esta práctica a tu vida diaria. Cuando notes estrés o autocrítica, haz una pausa y regálate un momento de amabilidad. Empieza por reconocer tu sufrimiento. Podrías decir: "Esto es duro ahora mismo". Luego, recuérdate que el sufrimiento forma parte de la vida, diciendo: "No estoy solo; otros también se sienten así". Por último, ofrécete un gesto amable, como colocar una mano sobre tu corazón y decir: "Soy amable conmigo mismo". Reflexionar sobre tu necesidad de autocompasión puede ayudarte a reconocer cuándo estás siendo demasiado duro contigo mismo. Los escenarios de práctica para las pausas de autocompasión podrían incluir momentos de fracaso, rechazo o presión intensa. Haz pausas regulares de autocompasión para crear una relación más compasiva contigo mismo.

Llevar un diario de autocompasión es otra herramienta eficaz. Empieza por utilizar indicaciones centradas en la autocompasión. Por ejemplo, escribe sobre un momento en el que tuviste dificultades y cómo te respondiste a ti mismo. Reflexiona sobre si fuiste amable o crítico. Otra indicación podría ser confeccionar una lista de formas de ser más compasivo contigo mismo en el futuro. Es igualmente importante reflexionar sobre tus pensamientos autocríticos. Date cuenta de cuándo eres duro contigo mismo y cuestiona esos pensamientos. Por ejemplo, si piensas: "No soy lo suficientemente bueno", pregúntate si esa afirmación es cierta y qué pruebas tienes para corroborarla. Escribirte cartas con compasión también puede ser poderoso. Trátate a ti mismo como tratarías a un amigo querido, con palabras de amabilidad y ánimo. Este ejercicio puede ayudarte a cambiar tu diálogo interior de crítico a comprensivo.

Otra técnica que me gusta utilizar son las imágenes compasivas. En este enfoque, visualizas una figura compasiva que te ofrece amabilidad y apoyo. Empieza buscando un lugar tranquilo donde sentarte cómodamente. Cierra los ojos y respira hondo varias veces. Visualiza a una persona que encarne la compasión. Puede ser alguien que conozcas, una figura histórica o incluso un ser imaginario. Imagina a esta persona ofreciéndote calidez y amabilidad. Imagina que te dice palabras de consuelo y comprensión. Reflexiona sobre los sentimientos que te evoca esta imagen. Podrías experimentar una sensación de alivio, calidez o conexión. Las imágenes compasivas pueden ayudarte en momentos de tensión, ofreciéndote un refugio mental de amabilidad y empatía.

Haz que los ejercicios de autocompasión formen parte de tu vida diaria, de modo que fomentes una relación contigo mismo más nutritiva y comprensiva. Ya sea haciendo pausas de autocompasión, escribiendo en un diario o utilizando imágenes compasivas, cada práctica ofrece una forma de cultivar la amabilidad y la comprensión. Cambiar tu perspectiva de este modo puede aportarte un mayor equilibrio emocional, resiliencia y bienestar general. La autocompasión te permite transformar tu diálogo interno y crear una base de apoyo y amabilidad que mejorará todos los aspectos de tu vida.

Reevaluación cognitiva y etiquetado emocional

La reevaluación cognitiva es una técnica que consiste en cambiar la forma en que interpretas y respondes a las situaciones. Puedes cambiar tu respuesta emocional cuando reinterpretas un problema desde una perspectiva diferente. Los pasos de la reevaluación cognitiva incluyen identificar el pensamiento negativo, cuestionar su validez y sustituirlo por una perspectiva más equilibrada. Por ejemplo, si recibes un comentario crítico en el trabajo, tu reacción inicial puede ser sentirte herido y a la defensiva. Practicando la reevaluación cognitiva, puedes replantear el comentario como una oportunidad de crecimiento y mejora. Al realizar este tipo de cambio de perspectiva, puedes reducir las emociones negativas y fomentar una perspectiva más positiva.

Puedes practicar este tipo de reevaluación cognitiva haciendo ejercicios de reflexión. Empieza señalando una situación reciente que haya desencadenado una fuerte respuesta emocional. Identifica los pensamientos negativos concretos que tuviste sobre el problema. Plantea un desafío a estos pensamientos haciéndote preguntas como: "¿Hay pruebas que apoyen este pensamiento?" o "¿Podría haber otra explicación?". Por último, replantéate la situación con una perspectiva más equilibrada. Por ejemplo, si te sientes rechazado porque un amigo ha cancelado sus planes, puedes replantearlo considerando que puede haber tenido una razón legítima y que sigue valorando tu amistad. La reevaluación cognitiva regular puede ayudarte a desarrollar un enfoque más resiliente y equilibrado ante los desafíos de la vida.

También puedes adquirir destreza en el etiquetado emocional para lograr una regulación emocional sólida. Esto significa aprender a reconocer y nombrar tus emociones con precisión. Al fin y al cabo, necesitas conocer tus sentimientos antes de comprenderlos y gestionarlos realmente. La importancia del etiquetado emocional reside en su capacidad para proporcionar claridad y reducir la intensidad de las emociones negativas. Cuando etiquetas con precisión tus sentimientos, se activa tu córtex prefrontal. Esto te ayuda a regular la respuesta emocional generada por la amígdala. Este proceso puede crear una sensación de distancia respecto a la emoción, permitiéndote responder de forma más reflexiva.

Para practicar el etiquetado emocional, sintoniza con tus sensaciones físicas y tus pensamientos. Pregúntate: "¿Qué estoy sintiendo ahora mismo?" e intenta identificar la emoción concreta. Puede ser ira, tristeza, miedo o frustración. Utiliza palabras precisas para describir el sentimiento, como "molesto" en lugar de "enfadado" o "desilusionado" en lugar de "triste". Las indicaciones para el diario también pueden ayudar a etiquetar las emociones. Por ejemplo, escribe sobre un acontecimiento reciente y describe las emociones que sentiste durante y después del acontecimiento. Reflexiona sobre cómo influyeron esas emociones en tus pensamientos y acciones. Practicar regularmente el etiquetado emocional puede mejorar tu conciencia emocional y tus habilidades de regulación.

Deberías incorporar estas técnicas a tu vida diaria para mejorar significativamente tu capacidad de regular las emociones. Tanto si practicas la reevaluación cognitiva como el etiquetado emocional, cada método es valioso para gestionar tus experiencias emocionales. Estas habilidades pueden ayudarte a navegar por las complejidades de las relaciones y de la vida con mayor facilidad y resiliencia, fomentando una sensación de equilibrio emocional y bienestar.

Meditaciones guiadas para el equilibrio emocional

Las meditaciones guiadas son prácticas estructuradas en las que un narrador, a menudo con voz suave y relajante, te guía a través de una serie de pasos para alcanzar un estado mental específico. Estas meditaciones te ayudan a centrar tus pensamientos, calmar tu mente y alcanzar el equilibrio emocional. Puedes utilizar las meditaciones guiadas para apoyar tu regulación emocional, proporcionándote un marco para calmar tus pensamientos y dirigir tu atención hacia el interior. Pueden reducir el estrés, aumentar la autoconciencia y promover la paz interior. Algunos ejemplos de meditaciones guiadas son la meditación de bondad amorosa, la meditación de enraizamiento y la meditación de liberación emocional. Cada una ofrece beneficios únicos, y puedes adaptarlas a tus necesidades.

La meditación de la bondad amorosa (meditación *metta*) fomenta la compasión por ti mismo y por los demás. Para realizar esta práctica, debes repetir en silencio (mentalmente o susurrando) frases que transmitan buena voluntad y bondad. Para empezar, busca un lugar tranquilo para sentarte cómodamente. Cierra los ojos y respira profundamente unas cuantas veces. Empieza dirigiendo la bondad amorosa hacia ti mismo. Repite en silencio frases como: "Que sea feliz. Que esté sano. Que esté seguro. Que viva con tranquilidad". A continuación, extiende estos deseos a alguien que te importe, repitiendo frases similares. Incluye gradualmente a una persona neutral, a alguien con quien tengas problemas, y luego, a todos los seres vivos. Practicar esta meditación es excelente para ablandar tu corazón y desarrollar una mayor empatía. Cuando reflexiones sobre la experiencia, probablemente notarás un sentimiento cálido y tierno que crece con cada repetición. Esto aumentará tu sentido de la conexión y la compasión.

Utiliza la meditación de enraizamiento para mantenerte presente y equilibrado, sobre todo en momentos de estrés. Consiste en visualizarte firmemente enraizado en la tierra, como un árbol con raíces profundas. Empieza por sentarte en una postura cómoda y cerrar los ojos. Respira hondo unas cuantas veces para relajarte. Imagina que las raíces crecen desde las plantas de tus pies, adentrándose en la tierra. Visualiza que estas raíces te anclan, proporcionándote estabilidad y fuerza. Siente la conexión con la tierra que hay debajo de ti, que te sostiene por completo. Las aplicaciones prácticas de esta meditación incluyen utilizarla antes de un acontecimiento estresante, como una presentación o una conversación difícil, para ayudarte a permanecer tranquilo y centrado. La visualización de estar profundamente enraizado puede proporcionarte estabilidad y resiliencia.

La meditación de liberación emocional es una técnica para dejar ir las emociones reprimidas. Con esta práctica, puedes liberar emociones de forma segura y controlada. Empieza buscando una postura cómoda y cierra los ojos. Respira hondo varias veces para centrarte. Identifica la emoción que deseas liberar, como la ira, la tristeza o la frustración. Visualiza esta emoción como un objeto físico dentro de tu cuerpo, como una nube oscura o una piedra pesada. Con cada exhalación, imagina que este objeto se disuelve lentamente o es expulsado de tu cuerpo. Las técnicas para visualizar la liberación emocional incluyen ver cómo la emoción se disipa en el aire o fluye como el agua. Al reflexionar sobre la experiencia, puedes sentir una sensación de ligereza y alivio a medida que la carga emocional se disipa, dejándote una mente clara y más tranquila.

Las meditaciones guiadas proporcionan un enfoque estructurado para alcanzar el equilibrio emocional, y cada tipo es óptimo para necesidades específicas. Tanto si quieres fomentar la compasión mediante la bondad amorosa, como encontrar la estabilidad con técnicas de enraizamiento o liberar emociones reprimidas, estas prácticas pueden transformar tu panorama emocional. Haz que las meditaciones guiadas formen parte de tu rutina para mejorar tu bienestar emocional y cultivar una sensación más profunda de paz interior.

El papel del autocuidado en la regulación emocional

El autocuidado implica realizar acciones deliberadas para mantener y mejorar tu bienestar físico, emocional y mental. Se trata de reconocer y atender tus necesidades, incluso cuando tu vida es más ajetreada. Priorizar el autocuidado te proporciona una base sólida para una mejor regulación emocional. Esto significa que estarás mejor preparado para enfrentar el estrés, la ansiedad y otros desafíos emocionales. Considera el autocuidado como una forma de recargar tus baterías internas. Sin él, puedes acabar funcionando sin energías, lo que te hará más propenso a la disfunción emocional y el agotamiento.

El autocuidado ofrece numerosos beneficios en lo que respecta a la regulación emocional. Practicar regularmente el autocuidado reducirá tu estrés, mejorará tu estado de ánimo e incrementará tu resiliencia. Por ejemplo, participar en actividades que te brindan alegría, como leer un libro, caminar en la naturaleza o pasar tiempo con seres queridos, puede elevar tu estado de ánimo y actuar como un amortiguador contra el estrés. Las actividades de autocuidado físico, como el ejercicio regular, un sueño adecuado y una dieta equilibrada, también pueden afectar de manera profunda tu bienestar emocional. Cuando tu cuerpo se siente bien, es probable que tu mente también lo haga. El autocuidado emocional, como escribir en un diario, hablar con un amigo o practicar la gratitud, te ayuda a procesar y gestionar tus sentimientos. El autocuidado mental, que incluye establecer límites, tomarse descansos y participar en pasatiempos, asegura que tengas el espacio mental necesario para pensar con claridad y tomar decisiones reflexivas.

La creación de un plan de autocuidado empieza por identificar tus necesidades y preferencias de autocuidado. Cada persona tiene necesidades distintas, por lo que es esencial reflexionar sobre qué actividades te ayudan a sentirte más equilibrado y revitalizado. Empieza por enumerar las actividades que te gustan y te ayudan a alcanzar una sensación de paz interior. Podría tratarse de actividades sencillas, como darte un baño caliente, practicar yoga y escuchar tu música favorita. Luego, piensa en equilibrar los distintos tipos de autocuidado. El autocuidado físico puede consistir en hacer ejercicio con regularidad, seguir una dieta sana y dormir lo suficiente. El autocuidado emocional puede implicar hablar con un terapeuta, escribir un diario o practicar la atención plena. El autocuidado mental puede consistir en establecer límites, tomarse días de salud mental y dedicarse a pasatiempos creativos. Asegúrate de establecer objetivos de autocuidado realistas. Fíjate objetivos pequeños y alcanzables que encajen en tu rutina diaria. Por ejemplo, puedes fijarte el objetivo de dar un paseo diario de diez minutos o dedicar quince minutos a escribir en un diario cada noche.

Requiere intencionalidad y planificación convertir el autocuidado en una parte fundamental de tu vida diaria. Comienza programando tus actividades de autocuidado como si fueran una cita. Por ejemplo, podrías bloquear tiempo en tu calendario para una clase semanal de yoga o una sesión diaria de meditación. Combinar el autocuidado con otras tareas diarias puede facilitar su integración. Podrías practicar ejercicios de respiración profunda mientras te desplazas al trabajo, escuchar música relajante mientras cocinas o dar un paseo durante tu pausa del almuerzo. Es esencial que hagas del autocuidado una prioridad innegociable. Esto significa comprometerte con tus actividades de autocuidado, incluso cuando la vida se vuelva agitada. Puede ser útil recordarte que cuidar de tus necesidades te permite estar más presente y ser más efectivo en otras áreas de tu vida.

Debes evaluar continuamente tus prácticas de autocuidado, haciendo ajustes cuando lo necesites para mantenerlas alineadas con tus necesidades. Me gusta llevar un diario de autocuidado. Es perfecto para registrar mis actividades de autocuidado y reflexionar sobre cómo me hacen sentir. Te recomiendo que tú también lleves un diario de autocuidado. Puedes anotar tus reflexiones sobre cómo te afectan las distintas actividades de autocuidado para determinar cuáles funcionan mejor para ti. Por ejemplo, anota cualquier cambio en tu estado de ánimo o en tus niveles de energía tras una semana de ejercicio regular. Los ajustes basados en las necesidades personales y la retroalimentación son un proceso continuo. Tus necesidades de autocuidado cambiarán y evolucionarán a medida que cambien las circunstancias de tu vida. Por lo tanto, tómate el tiempo necesario para reevaluar tu plan de autocuidado con regularidad y sé flexible para adaptarlo a tu situación actual. Esto puede significar probar nuevas actividades, aumentar la frecuencia de determinadas prácticas o abandonar actividades que ya no te sirven.

El autocuidado es una práctica dinámica y continua fundamental para la regulación emocional y el bienestar. Comprendiendo tus necesidades de autocuidado, creando un plan equilibrado, integrándolo en tu vida diaria y evaluando regularmente su eficacia, puedes construir una rutina de autocuidado sostenible que apoye tu salud emocional y tu resiliencia.

Manejo de la volatilidad emocional y de los desencadenantes emocionales en las relaciones de pareja

La volatilidad emocional puede sentirse como subirte en una montaña rusa con altibajos impredecibles. Afecta tu bienestar y tus relaciones, dejándote exhausto y abrumado. La volatilidad emocional se caracteriza por cambios emocionales intensos y frecuentes que pueden desencadenar diversos factores. Estos desencadenantes pueden ser el estrés, un trauma no resuelto, conflictos en las relaciones o incluso pequeños inconvenientes cotidianos. Por ejemplo, un pequeño desacuerdo con la pareja puede convertirse en una discusión intensa, o un comentario fuera de lugar de un colega podría llevarnos a pasar un día en el que nos sintamos molestos y distraídos. En la vida cotidiana, la volatilidad emocional tiende a crear problemas importantes para mantener relaciones estables, por no hablar de la perturbación de la sensación de paz interior.

Desarrollar la resiliencia emocional es fundamental para manejar la volatilidad emocional con mayor eficacia. Empieza por reconocer las áreas en las que puedes desarrollar la resiliencia, como la gestión del estrés, la mejora del autocuidado y las relaciones. Los ejercicios de reflexión pueden ayudarte a desarrollar la resiliencia. Por ejemplo, lleva un diario para documentar las situaciones difíciles y cómo respondiste. Reflexiona sobre lo que funcionó bien y lo que no, y piensa en cómo puedes aplicar estas lecciones en el futuro. Algunos ejemplos de comportamientos resilientes son mantener una actitud positiva, buscar soluciones en lugar de obsesionarse con los problemas y ser flexible ante los cambios. Desarrollar estos hábitos puede hacerte más adaptable y estarás más preparado para manejar y reducir la volatilidad emocional.

Como vimos al final del Capítulo 2, los desencadenantes emocionales pueden afectar significativamente a las personas con estilos de apego ansioso, y a menudo conducen a sentimientos exacerbados de inseguridad y miedo al abandono en las relaciones. Comprender y manejar estos desencadenantes es crucial para la recuperación y el fomento de relaciones más saludables. Aquí te presentamos una rápida lista de control que resume los puntos críticos que hemos tratado en este capítulo y que te ayudarán a manejar tanto la volatilidad emocional como los desencadenantes emocionales:

1. **Autoconocimiento**: El primer paso para gestionar la volatilidad emocional y los desencadenantes es reconocerlos. Deberías dedicar tiempo a identificar situaciones, comportamientos o comentarios concretos que evoquen emociones intensas. Escribir un diario o reflexionar sobre experiencias pasadas puede ayudarte a

comprender mejor tus desencadenantes y los sentimientos asociados a ellos.

2. **Técnicas de enraizamiento**: Ante la volatilidad emocional o los desencadenantes, las técnicas de conexión a tierra pueden ser increíblemente eficaces para controlar la ansiedad. Incluyen ejercicios de respiración profunda, prácticas de atención plena o actividades físicas que ayudan a desviar la atención de las emociones abrumadoras. Estas técnicas pueden crear una sensación de calma y ayudar a recuperar el control sobre las respuestas emocionales.

3. **Estrategias de afrontamiento**: Establecer estrategias de afrontamiento adaptadas a tus necesidades es crucial. Este proceso de autodescubrimiento y autocuidado capacita a las personas, dándoles una sensación de control sobre sus respuestas emocionales. Puede incluir técnicas autocalmantes, afirmaciones o dedicarse a pasatiempos que aporten alegría y consuelo. Disponer de un conjunto de estrategias de afrontamiento puede empoderarnos y reducir el impacto de los desencadenantes emocionales cuando surgen.

4. **Reestructuración de los pensamientos negativos**: Muchas personas con un apego ansioso pueden caer en patrones de pensamiento negativo cuando se enfrentan a desencadenantes. Practicar la reestructuración cognitiva, como la TCC y la reevaluación cognitiva, puede ayudar a cambiar la perspectiva y disminuir la ansiedad. Dedica tiempo a cuestionar y replantear los pensamientos negativos con un pensamiento más equilibrado. Centrarse en los aspectos positivos de nuestras relaciones

puede contrarrestar el miedo y la duda y alterar tu respuesta emocional, reduciendo la intensidad de tus reacciones.

5. **Comunicación con la pareja**: Una vez identificados los factores desencadenantes, es vital comunicarse abiertamente con la pareja. Compartir lo que desencadena sentimientos de ansiedad o inseguridad puede crear un entorno de apoyo mutuo en el que ambos miembros de la pareja puedan trabajar juntos para mitigar estos desencadenantes. Este diálogo abierto fomenta la confianza y la comprensión, que son esenciales para cualquier relación saludable. Hablaremos de las mejores técnicas de comunicación con nuestra pareja en los Capítulos 6 y 7.

6. **Exposición gradual**: Para los desencadenantes que surgen con frecuencia en escenarios específicos, exponerse gradualmente a estas situaciones puede aumentar la resiliencia. Este enfoque gradual nos permite enfrentarnos a nuestros miedos de forma controlada, lo que ayuda a reducir la ansiedad con el tiempo y a reforzar las respuestas emocionales.

7. **Sistemas de apoyo**: Desempeñan un papel crucial en la gestión de la volatilidad emocional. Identificar y contactar con una red de apoyo puede darte el respaldo emocional que necesitas. Esta red puede incluir amigos, familiares o grupos de apoyo. Reunirte regularmente con personas en las que confías puede ofrecerte un espacio para expresar tus sentimientos y adquirir perspectiva. Un ejemplo podría ser tomar un café semanal con un amigo íntimo o asistir a una reunión semanal de apoyo.

8. **Ayuda profesional**: Asegúrate de obtener ayuda
   profesional si la necesitas. Los consejeros experimentados
   pueden cambiar las reglas del juego para quienes luchan
   por controlar los desencadenantes emocionales. La terapia
   es un espacio seguro para explorar los problemas
   subyacentes asociados al apego ansioso y desarrollar
   estrategias de afrontamiento específicas. Un terapeuta
   puede ayudarnos a comprender nuestros desencadenantes
   y a fomentar una dinámica relacional más sana. También
   pueden ofrecer estrategias adaptadas a tus necesidades y
   ayudarte a superar períodos especialmente difíciles de
   volatilidad emocional.

Empleando estas estrategias, quienes padecemos apego ansioso podemos empezar a navegar por nuestra volatilidad emocional y nuestros desencadenantes de forma más eficaz, facilitando la recuperación y fomentando unas relaciones más saludables y seguras. Utilizar las estrategias adecuadas para estabilizar tus emociones, desarrollar resiliencia y aprovechar los sistemas de apoyo, puede crear más equilibrio y paz en tu vida emocional. Estas estrategias mejoran tu bienestar, facilitando la conexión con los demás de forma significativa.

A medida que sigas explorando estas técnicas, descubrirás que gestionar los desencadenantes emocionales y la volatilidad se vuelve más intuitivo y menos desalentador, allanando el camino hacia un autoconocimiento y una estabilidad emocional más profundos. Es esencial hacer hincapié en la necesidad de autocompasión y paciencia a lo largo de este viaje. Es importante recordar que la sanación y el crecimiento llevan su tiempo, y está bien ser paciente contigo mismo mientras trabajas con estas estrategias.

Desarrollar una rutina diaria para controlar la ansiedad

Es recomendable tener una rutina estructurada para el manejo de la ansiedad. Contar con una rutina proporciona estabilidad y previsibilidad, lo que brinda consuelo cuando te sientes abrumado. Saber exactamente qué harás cada día para gestionar tu ansiedad te otorga un sentido de certeza. Esto es importante, ya que la incertidumbre es uno de los principales desencadenantes de la ansiedad. Al lograr consistencia en tus actividades, tu mente y tu cuerpo encontrarán más fácilmente un ritmo, lo que facilitará el afrontamiento del estrés. Para crear una nota positiva, muchas personas encuentran útil comenzar su día con una rutina matutina establecida que incluya ejercicios de atención plena. Terminar cada día con una rutina relajante que fomente un sueño reparador y un bienestar general también puede ser beneficioso.

Para crear una rutina personalizada de control de la ansiedad, debes identificar las actividades y ejercicios críticos que consideres más eficaces. Puedes empezar haciendo una lista de las técnicas que consideres más útiles, como la conexión a tierra, la respiración o la reestructuración cognitiva. Una vez hecho esto, piensa en tu agenda diaria e identifica los momentos en los que puedes incorporar más fácilmente estas actividades. Recuerda la importancia del equilibrio. Es vital que tu rutina sea lo bastante flexible para adaptarse a los cambios diarios inesperados. De ese modo, no te sentirás estresado si necesitas realizar algunos ajustes o faltar a una de tus sesiones.

Es mejor integrar una variedad de técnicas para el manejo de la ansiedad en tu rutina para lograr un enfoque holístico que aborde múltiples aspectos de la ansiedad. Por ejemplo, comienza tu mañana centrando tu mente con un ejercicio de anclaje. Luego, realiza ejercicios de reestructuración cognitiva para desafiar los pensamientos negativos. A lo largo del día, utiliza técnicas de auto-calma cada vez que sientas ansiedad, incorporando prácticas de visualización para mantener una mentalidad serena.

Para lograr el éxito a largo plazo, debes hacer un seguimiento de tu rutina, ajustándola siempre que sea necesario. Lleva un diario de rutinas en el que registres tus actividades y anotes cómo afectan a tus niveles de ansiedad. Utiliza este registro para reflexionar sobre lo que te funciona bien y lo que no, para reducir tu ansiedad; de este modo, sabrás qué tipo de ajustes debes hacer. Si descubres que una técnica es poco eficaz, prueba a utilizar otra distinta. Revisa tu rutina con regularidad para poder hacer cambios que mantengan tus prácticas adaptadas a tus necesidades. Con esta evaluación continua, mantenerte comprometido y motivado para mantener tu rutina a largo plazo es más manejable.

Crea una rutina completa, que incluya técnicas de enraizamiento, respiración, cognitivas y de visualización. Eso te dará las herramientas y la estabilidad necesarias para enfrentarte a los factores estresantes cotidianos. Estarás capacitado para tomar el control de tu ansiedad, fomentando una mayor resiliencia emocional y bienestar. También recomiendo combinar técnicas cognitivas y conductuales para ayudarte a crear un marco sólido de gestión de la ansiedad. Identificar y reestructurar los pensamientos negativos y utilizar estrategias conductuales para reforzar los cambios positivos puede ayudarte a desarrollar una mentalidad más equilibrada y menos ansiosa. Si utilizas este enfoque, probablemente descubrirás que te permite controlar la ansiedad de forma inmediata y que genera resiliencia y estabilidad emocional a largo plazo.

Cultivar la autoconfianza

Quiero concluir este capítulo mencionando que cultivar la autoconfianza es un elemento fundamental en la recuperación del apego ansioso. Esto implica reconocer y afirmar tus capacidades y juicios, los cuales a menudo pueden sentirse comprometidos por las incertidumbres que acompañan a los patrones de apego ansioso.

Para desarrollar la confianza en ti mismo, empieza por reconocer que tus emociones e instintos son válidos. En lugar de descartar tus sentimientos como irracionales o infundados, permítete explorarlos y comprenderlos. Lleva un diario para documentar tus pensamientos y respuestas emocionales. Esta práctica te permite reflexionar sobre tus experiencias, validar tus sentimientos y seguir tu crecimiento a lo largo del tiempo. Al ver tus emociones por escrito, es posible que también tomes consciencia de patrones en tu forma de pensar que podrías abordar más eficazmente.

Otro paso crucial es establecer expectativas realistas para ti mismo. Comprende que la recuperación no es un destino, sino un viaje. Esta comprensión te ayudará a ser paciente y amable contigo mismo, permitiéndote cometer errores y aprender de ellos. Celebrar tus pequeñas victorias es esencial, ya que estos momentos crean una reserva de confianza en tus capacidades.

El autocuidado también es esencial para generar confianza. Participa en actividades mejora tu bienestar físico, emocional y mental. Puede ser cualquier cosa, desde realizar ejercicio y meditar hasta dedicarte a pasatiempos que te gusten. Cuando das prioridad a tus necesidades, te dices a ti mismo que eres digno de atención y cuidado, reforzando aún más tu autoconfianza.

Por último, practica la autoconversación positiva. Desafía los diálogos internos negativos que minan tu confianza identificándolos cuando se produzcan y sustituyéndolos conscientemente por afirmaciones positivas. Céntrate en tus puntos fuertes y en tus éxitos pasados, en lugar de en lo que podría ir mal o en lo que temes. Las afirmaciones positivas pueden ser herramientas poderosas para remodelar tu autopercepción y reforzar la confianza en tus capacidades.

Al cultivar conscientemente la confianza en ti mismo mediante estas prácticas, mitigas los efectos del apego ansioso y te capacitas para implicarte más profunda y auténticamente en tus relaciones. Es un proceso gradual, pero cada paso que das hacia la confianza en ti mismo sienta las bases para establecer conexiones más saludables con los demás, brindándote una sensación de control y confianza.

CAPÍTULO 4
SANACIÓN DEL NIÑO INTERIOR

Imagina que eres un niño de cinco años, y hay una fuerte tormenta eléctrica afuera, mientras te aferras a tu amado peluche en busca de consuelo. Te sientes pequeño, asustado y anhelando protección y amor. Ahora, imagina que este niño existe dentro de ti, cargando el peso emocional de experiencias traumáticas de la infancia en tu vida adulta. Esta es la esencia del niño interior: la parte de ti que alberga tus recuerdos, emociones y necesidades insatisfechas de la infancia.

INTRODUCCIÓN AL TRABAJO CON EL NIÑO INTERIOR

El concepto de niño interior es una poderosa representación de nuestro yo infantil. Abarca los sentimientos, recuerdos y experiencias de tus primeros años que continúan influyendo en tus comportamientos y emociones de adulto. Mucho más que una metáfora, tu niño interior es una parte fundamental de tu psique

que contiene las huellas emocionales de tus años de formación. Estos recuerdos emocionales pueden ser tanto positivos como negativos, y moldean tu forma de interactuar con el mundo que te rodea. Durante la edad adulta, cuando tu niño interior se siente asustado o no escuchado, sus viejas heridas pueden resurgir. Esto puede afectar a tus relaciones y a tu sentido de la autoestima.

Si tienes un apego ansioso, necesitas dirigirte a tu niño interior. Tus inseguridades y miedos de adulto suelen tener su origen en traumas infantiles no resueltos. Al trabajar para reconectarte con tu niño interior, empezarás a comprender y a sanar las heridas de la infancia. En este proceso, reconoces que has tenido necesidades y dolores insatisfechos en el pasado, lo que te permite abordarlos y mostrar autocompasión. Sanar a tu niño interior significa crear un mundo interior más estable y amoroso, que puede transformar tus relaciones actuales.

El concepto de niño interior tiene sus raíces en la terapia Gestalt y en otros enfoques terapéuticos de la psicología. En la terapia Gestalt, se hace hincapié en cómo nuestras experiencias pasadas influyen en nuestro yo actual. El trabajo con el niño interior se hizo popular en la década de 1980, cuando John Bradshaw, un experto en la materia, habló de él. El trabajo de Bradshaw se centraba en las formas en que el abuso, la negligencia y el abandono infantiles se manifiestan en comportamientos adultos, como las adicciones y la codependencia. Creía que sanar estas heridas de la infancia era esencial para el crecimiento personal y el bienestar emocional.

John Bradshaw hizo hincapié en cómo los traumas infantiles no resueltos pueden provocar problemas en la edad adulta. Investigó y organizó talleres que ayudaron a muchas personas a enfrentarse a su pasado e iniciar el proceso de sanación. Para abordar estas cuestiones profundamente arraigadas, su enfoque combina distintas modalidades terapéuticas, como la TCC y la TDC (terapia dialéctica conductual). Su trabajo ha inspirado a muchos terapeutas a incluir la sanación del niño interior en su práctica, reconociendo su importancia para abordar las causas profundas del malestar emocional.

Mucha gente malinterpreta el trabajo con el niño interior. Uno de los conceptos erróneos más comunes es que sólo está destinado a las personas con traumas graves. Sin embargo, todo el mundo tiene un niño interior, y todos pueden beneficiarse de este proceso de sanación. Tanto si tus experiencias infantiles fueron ligeramente perturbadoras como profundamente traumáticas, puedes obtener una profunda comprensión y sanación emocional reconectándote con tu niño interior. También es posible que creas que el trabajo con el niño interior es demasiado doloroso o difícil. Aunque puede significar un desafío, la recompensa supera con creces la incomodidad. Afrontar y sanar tu pasado puede conducir a un profundo crecimiento personal y a unas relaciones más saludables.

Otro concepto erróneo es que el trabajo con el niño interior no está respaldado científicamente. Sin embargo, muchos estudios y prácticas terapéuticas validan su eficacia. La investigación en psicología y neurociencia demuestra que las experiencias tempranas moldean el desarrollo de nuestro cerebro y nuestras respuestas emocionales. Abordar estas experiencias fundacionales puede reconfigurar tu cerebro y crear pautas de comportamiento nuevas y más sanas. Técnicas como la visualización, llevar un diario y el diálogo terapéutico con el niño interior se fundamentan en prácticas basadas en pruebas y han demostrado una sanación emocional eficaz.

Cuando trabajas con tu niño interior, te embarcas en el autodescubrimiento y la sanación. Es hora de comprender el concepto de niño interior y su significado, para que puedas empezar a abordar traumas no resueltos, reconectarte con partes perdidas de ti mismo y construir una base para la seguridad emocional.

CONECTÁNDOTE CON TU NIÑO INTERIOR

Existen varias técnicas que te ayudan a establecer una conexión con tu niño interior. En primer lugar, es esencial crear un espacio seguro para el trabajo con el niño interior. Comienza por establecer un espacio físico cómodo donde puedas relajarte y concentrarte. Por ejemplo, podrías crear un rincón acogedor en tu hogar con una iluminación suave, asientos cómodos y objetos que generen calma, como velas, plantas o tus libros favoritos. Utilizar objetos tranquilizantes y reconfortantes puede aumentar la sensación de seguridad. Considera incluir elementos que te recuerden tu infancia, como un juguete favorito o una manta. La atención plena también es crucial para establecer un entorno emocional seguro. Practica técnicas de atención plena para mantenerte presente y anclado. Ejercicios de respiración profunda, escaneos corporales o yoga suave pueden contribuir a crear un ambiente tranquilo y nutritivo para trabajar en tu niño interior.

Establece intenciones al comenzar a conectar con tu niño interior. Es fundamental definir qué deseas lograr en este encuentro, ya sea comprender una emoción específica, abordar una experiencia o simplemente ofrecer consuelo. Utiliza la visualización guiada como herramienta para esta reunión inicial. Cierra los ojos e imagina un lugar seguro y acogedor. En este espacio, visualiza y acércate con delicadeza a tu yo más joven. Observa su apariencia, expresiones y emociones. Reflexiona sobre esta experiencia y cómo te sentiste durante el proceso. Tras finalizar tu visualización, registra tus pensamientos y sentimientos en un cuaderno o diario. Incluye lo que observaste y cómo respondió tu niño interior. Esta reflexión te permitirá procesar mejor el encuentro y planear tus próximos pasos.

Los ejercicios de visualización también pueden ser beneficiosos en este caso. Imagínate de niño, tal vez en un lugar en el que te sentías seguro y feliz. Imagina cada detalle vívidamente: los colores, los sonidos, los olores. Visualiza a tu yo más joven y acércate a él con amabilidad y curiosidad. Otra técnica consiste en dialogar con tu niño interior. Consiste en mantener una conversación mental o escrita con tu yo más joven. Hazle preguntas como: "¿Cómo te sientes?" o "¿Qué necesitas?". Escucha las respuestas con empatía y comprensión. Las actividades creativas como dibujar o escribir cartas a tu niño interior también pueden ser poderosas. Estas actividades te permiten expresar de forma tangible tus emociones y pensamientos, fomentando una conexión más profunda.

Debes hacer comprobaciones regulares para crear una relación de confianza y amor con tu niño interior. Establece el hábito diario de conectar con tu niño interior. Puede ser mediante una rápida comprobación mental, una breve anotación en tu diario o un breve ejercicio de visualización. Es esencial reconocer y validar las emociones de tu niño interior. Cuando tu niño interior exprese miedo, tristeza o alegría, acepta estas emociones sin juzgarlas. Dile a tu niño interior que reconoces sus sentimientos, reconociendo su validez. Mostrar amor y compasión hacia tu niño interior puede adoptar muchas formas. Háblale amablemente a tu niño interior, ofrécele palabras de consuelo y asegúrale que es querido y está seguro. Este cuidado continuo ayuda a construir una relación fuerte y segura, que permite a tu niño interior sanar y prosperar.

IDENTIFICAR LOS TRAUMAS DE LA INFANCIA

Identificar los traumas de la infancia es un paso crucial en el proceso de sanación. Reflexionar sobre acontecimientos significativos de la infancia puede ayudarte a identificar momentos que dejaron una huella duradera en ti. Sin embargo, es recomendable contar con sistemas de apoyo al intentar sanar traumas de la infancia. Buscar ayuda profesional de terapeutas puede proporcionarte el apoyo estructurado que podrías necesitar. Los terapeutas formados en atención de traumas pueden guiarte a través del proceso de sanación con empatía y pericia.

También podrías beneficiarte de unirte a grupos de apoyo. Estos grupos ofrecen un sentimiento de comunidad y comprensión, permitiéndote compartir tus experiencias y aprender de otras personas que se enfrentan a desafíos similares. Es útil poder apoyarte en amigos y familiares de confianza. Puedes obtener apoyo emocional y validación compartiendo tu viaje con tus seres queridos. Su apoyo puede ayudarte a sentirte menos aislado y más conectado.

Para empezar, piensa en momentos en los que te sentiste asustado, solo o sin apoyo. Podrían ser momentos en los que te acosaron en la escuela, te sentiste desatendido por un cuidador o experimentaste una ruptura familiar. También es crucial reconocer los signos de un trauma no resuelto. Los síntomas potenciales incluyen pesadillas recurrentes, reacciones emocionales intensas a desencadenantes concretos y sentimientos persistentes de inseguridad. Una forma excelente de explorar más a fondo estos recuerdos es escribir en un diario, guiado por preguntas como "¿Cuál es mi primer recuerdo de haberme sentido asustado o solo?" o "¿Qué acontecimientos de mi infancia me afectan hoy en día?". Descubrirás que escribir sobre estas experiencias puede ayudarte a lograr claridad y a comprender su influencia en cómo te sientes y te comportas actualmente.

Existen métodos terapéuticos específicos que pueden ayudarte a sanar los traumas de la infancia. La Desensibilización y Reprocesamiento por Movimientos Oculares (EMDR) es uno de estos métodos. En esta terapia, evocas recuerdos angustiosos mientras realizas una estimulación bilateral, como mover los ojos de un lado a otro o hacer tapping (pequeños golpecitos o toques). Este proceso te ayuda a replantear tus recuerdos traumáticos para que sean menos abrumadores. La experiencia somática se centra en las respuestas físicas del cuerpo al trauma. Te permite utilizar movimientos suaves y tomar conciencia de las sensaciones corporales para ayudarte a liberar la tensión y el trauma almacenados. Las técnicas cognitivo-conductuales también son eficaces. Consisten en identificar y cuestionar patrones de pensamiento negativos derivados de experiencias infantiles, sustituyéndolos por perspectivas más saludables y equilibradas.

Puedes hacer que estas estrategias formen parte de tu vida para ayudarte a identificar los traumas infantiles y fomentar la sanación y un sentimiento de autocompasión y seguridad emocional. Construye un sistema de apoyo buscando ayuda profesional, uniéndote a grupos de apoyo y apoyándote en amigos y familiares de confianza. Reflexiona sobre los acontecimientos significativos de tu infancia, reconoce los signos de trauma no resuelto y lleva un diario para explorar tus recuerdos. Investiga enfoques terapéuticos como la terapia EMDR, la experiencia somática y las técnicas cognitivo-conductuales, y cómo pueden ayudarte. Seguir estos pasos te brindará una mejor oportunidad de trabajar para sanarte y crear una vida más saludable y satisfactoria.

EJERCICIOS PARA LA SANACIÓN DEL NIÑO INTERIOR

La expresión creativa suele ser una forma poderosa de sanar a tu niño interior. Por ejemplo, puedes intentar dibujar o pintar recuerdos de la infancia. Te permite explorar y procesar visualmente experiencias pasadas. No necesitas ser un artista para beneficiarte de este ejercicio. Simplemente esbozar escenas de tu infancia puede hacer que emociones reprimidas salgan a la superficie. Considera crear un collage de imágenes que representen tu infancia utilizando revistas, fotos y otros materiales. Este proceso artístico ayuda a reconectar contigo mismo en tu juventud para que puedas entender las emociones ligadas a esos recuerdos.

Intenta escribir cartas a tu niño interior. Empieza dirigiéndote a tu yo más joven y reconociendo sus sentimientos y experiencias. Escribe como si estuvieras hablando con un amigo querido, proporcionándole consuelo y comprensión. Podrías empezar diciendo: "Querido [tu nombre], recuerdo cómo te sentiste cuando...". Con este ejercicio, validas las emociones de tu niño interior y le proporcionas el consuelo que necesitabas entonces. Crear un álbum de recortes de experiencias positivas de la infancia también puede ser una práctica sanadora. Reúne fotos y recuerdos, y anota los recuerdos felices. Este álbum de recortes sirve como recordatorio de la alegría y el amor que experimentaste, ayudando a equilibrar los recuerdos dolorosos.

También puedes encontrar meditaciones guiadas que te conecten con tu niño interior y te proporcionen consuelo. Estas meditaciones suelen comenzar con una fase de relajación, que te ayuda a calmar la mente y el cuerpo. Un guión de meditación puede guiarte para que visualices un lugar seguro y tranquilo donde puedas reunirte con tu niño interior. Imagina que le tomas de la mano, le ofreces palabras tranquilizadoras y escuchas sus preocupaciones. A muchas personas les tranquiliza visualizar cómo consuelan y nutren a su niño interior. Imagínate envolviéndolo en una manta cálida o leyéndole un cuento antes de dormir. Los recursos de audio para meditaciones guiadas están ampliamente disponibles y son muy valiosos en tu práctica de sanación.

Los juegos de rol pueden ser otra forma eficaz de recrear y sanar experiencias pasadas. Asegúrate de contar con un compañero de confianza para este tipo de ejercicios. Te permiten revivir acontecimientos concretos de tu infancia en un entorno seguro y de apoyo. Por ejemplo, podrías representar una conversación con uno de tus padres o con un profesor o maestro, expresando sentimientos que no podías articular en ese momento. También podrías probar la representación terapéutica en grupo. Esto podría permitirte compartir tus experiencias con otras personas con traumas similares, proporcionándote un sentimiento de solidaridad y comprensión. Utilizar los juegos de rol para practicar nuevas respuestas a antiguos desencadenantes puede ayudarte a desarrollar mecanismos de afrontamiento más saludables. Consigues ensayar nuevos comportamientos, lo que te facilita integrarlos en tu vida cotidiana, reduciendo el impacto de traumas pasados.

Las afirmaciones diarias son otra herramienta poderosa para reforzar la sanación del niño interior. Escribir afirmaciones personalizadas que aborden las necesidades y los miedos de tu niño interior puede ser sanador. ¿Tu niño interior se siente indigno? Podrías utilizar la afirmación: "Merezco amor y respeto". Incorporar las afirmaciones adecuadas a tu rutina diaria, pueden ayudarte a solidificar nuevas creencias positivas. Repítelas por la mañana, antes de acostarte o en momentos de estrés. A largo plazo, tus afirmaciones diarias pueden ser una herramienta transformadora para la sanación. Lleva un diario para anotar los cambios en tus sentimientos y comportamientos, celebrando las pequeñas victorias.

En última instancia, debes practicar la autocompasión y el perdón para que el proceso de sanación tenga éxito. Los ejercicios de autocompasión pueden ayudarte a tratarte con la amabilidad y comprensión que ofrecerías a un amigo. Por ejemplo, cuando adviertas pensamientos autocríticos, utiliza un lenguaje compasivo para reencuadrarlos. Otra herramienta poderosa es la meditación guiada para el autoperdón. Estas meditaciones te guían a través de la visualización del perdón, ayudándote a liberar la culpa y la vergüenza asociadas a sucesos pasados. Escribirte cartas de perdón a ti mismo es otra técnica eficaz. En estas cartas, reconoce el dolor que has experimentado y concédete perdón y comprensión. Este acto de autocompasión puede ser increíblemente liberador y sanador.

Al hacer que los ejercicios del niño interior formen parte de tu vida, puedes conectar profundamente con tu niño interior y empezar a sanar. Ya sea a través de la expresión creativa, la escritura, las meditaciones guiadas, los juegos de rol, las afirmaciones diarias o la autocompasión, cada actividad ofrece una forma única de abordar y curar las heridas del pasado. Estos ejercicios te ayudarán a nutrir a tu niño interior, creando un mundo interior más seguro y amoroso e influyendo positivamente en tus relaciones y en tu bienestar general.

CÓMO INTEGRAR EL TRABAJO CON EL NIÑO INTERIOR EN TU VIDA

Encuentro que realizar prácticas diarias con el niño interior es un ejercicio enraizante y transformador. Comienza cada mañana con un simple chequeo. Al despertar, cierra los ojos brevemente y visualiza a tu niño interior. Pregúntale cómo se siente y qué necesita hoy. Esta breve conexión mental establece un tono nutritivo para tu día. Además, antes de acostarte cada noche, reflexiona sobre tu día y las emociones de tu niño interior en diferentes momentos. Si necesita reafirmación, ofrécesela. Estas prácticas pueden ayudarte a mantener una conexión emocional sólida con tu niño interior.

La atención plena es crucial para integrar el trabajo con el niño interior en tu vida diaria. Con sencillas prácticas de atención plena, permanecer presente y mantener la conexión emocional adecuada será mucho más fácil. Recomiendo practicar ejercicios de respiración consciente, ya que pueden centrarte en el momento presente. Dedica unos minutos a concentrarte en tu respiración, inhalando profundamente y exhalando despacio. Esta práctica calma tu mente, permitiéndote sintonizar con las emociones de tu niño interior. Practicar la atención plena en las actividades cotidianas también puede ayudarte. Intenta ser consciente en las actividades cotidianas, como comer, caminar y trabajar. Observa las imágenes, los sonidos y las sensaciones que te rodean. Esta atención plena es fundamental para mantener los pies en la tierra y ser consciente de las necesidades y emociones de tu niño interior.

Los rituales diarios también pueden honrar la presencia de tu niño interior. Estos rituales no tienen por qué ser elaborados. Actos sencillos como disfrutar de tu bocadillo favorito de la infancia, escuchar música que te traiga recuerdos felices o dedicar tiempo a un pasatiempo querido pueden ser significativos. Estas actividades son recordatorios útiles para nutrir y cuidar a tu niño interior, integrando sus necesidades en tu vida cotidiana. Puedes obtener mucha información llevando un diario de tus interacciones con tu niño interior. Documenta estos momentos para seguir tu progreso y comprender la evolución de la relación con tu yo interior.

Mantén un equilibrio entre las necesidades de tu niño interior y tus responsabilidades como adulto. Esto se consigue estableciendo límites cuidadosamente. Fija momentos para el trabajo con tu niño interior, asegurándote de que no interfiera con tus tareas diarias. Por ejemplo, puedes reservar quince minutos por la mañana y por la noche para esta práctica. Es fundamental dar prioridad al autocuidado sin descuidar tus responsabilidades. Asegúrate de satisfacer tus necesidades básicas, como una nutrición adecuada, dormir y hacer ejercicio. Cuidar de ti mismo es una forma de cuidar de tu niño interior. Crear una relación armoniosa entre tu niño interior y tu yo adulto implica reconocer que ambos aspectos de ti necesitan atención. Deja que tu niño interior influya en tus elecciones de modo que te aporten alegría y creatividad, mientras tu yo adulto gestiona las responsabilidades y la toma de decisiones.

Seguir tu progreso y reflexionar sobre tu viaje de sanación del niño interior es inmensamente útil para crecer. Lleva un diario de progreso para documentar tus experiencias, emociones y percepciones. Las preguntas reflexivas pueden guiar tu diario, ayudándote a evaluar tu crecimiento. Pregúntate: "¿Cómo han cambiado con el tiempo mis interacciones con mi niño interior?" o "¿Qué nuevas percepciones he obtenido sobre mis experiencias infantiles?". Responder a preguntas como éstas implica que realices una reflexión profunda y logras un mejor conocimiento de ti mismo. Recuerda celebrar tus hitos y logros. Reconoce las pequeñas victorias, como reconfortar a tu niño interior durante un momento de angustia u obtener una nueva comprensión de una experiencia. Estas celebraciones refuerzan tu progreso y te motivan a seguir haciendo el trabajo necesario para sanar.

Casos de estudio de sanación del niño interior

En mi trayecto de sanación, he descubierto que observar historias de éxito es una gran fuente de inspiración. Echemos un vistazo a la historia de Emily. Emily siempre había luchado contra un intenso miedo al abandono, derivado del tumultuoso divorcio de sus padres cuando sólo tenía siete años. Se sentía responsable de la ruptura y arrastró esa culpa en sus relaciones adultas, anhelando siempre que la validaran. Mediante el trabajo con su niña interior, Emily empezó a visualizarse a sí misma como aquella niña asustada, ofreciéndole consuelo y seguridad. Escribió cartas a su yo más joven, expresándole el amor y el apoyo que había anhelado. Con el tiempo, el miedo de Emily se transformó en confianza, y aprendió a confiar en sí misma y en sus relaciones.

La historia de James es otro poderoso ejemplo. Al crecer, James experimentó frecuentes críticas por parte de su padre, que le dejaron sentimientos de inadecuación profundamente arraigados. El resultado fue una lucha con la autocompasión en su adultez. Se criticaba con frecuencia incluso por los errores más insignificantes. Afortunadamente, James comenzó a practicar meditaciones guiadas y ejercicios de autocompasión, y al hacerlo, empezó a reconectarse con su niño interior. Visualizaba cómo abrazaba a su yo más joven, ofreciéndole palabras de amabilidad y comprensión. Esta práctica ayudó a James a desarrollar un sentimiento de autoestima y amor propio. Aprendió a perdonarse a sí mismo los errores del pasado y a aceptar sus imperfecciones. El camino de James hacia la autocompasión transformó sus relaciones, haciéndolas más auténticas y satisfactorias.

Reflexiona sobre estas historias y considera cómo pueden resonar con tus experiencias. Pregúntate: "¿Qué acontecimientos de la infancia han dado forma a mis comportamientos actuales?" o "¿Cómo puedo ofrecer a mi niño interior el apoyo que necesita?". Estas preguntas reflexivas pueden ayudarte a ver similitudes entre tu trayecto y los de Emily y James. Esta práctica puede proporcionarte una mayor comprensión de todo el proceso y de cómo proceder. Recuerda que nunca estás solo en tu viaje de sanación de tu niño interior. Innumerables personas han recorrido este camino y han logrado la sanación y la transformación.

REPARENTÁNDOTE A TI MISMO: PASOS Y ESTRATEGIAS

Todo el proceso de sanación de tu niño interior se puede resumir en "reparentarte a ti mismo". Este es un enfoque transformador para sanar el apego ansioso y fomentar relaciones más saludables. Este proceso implica nutrir y cuidar a tu niño interior, la parte de ti que puede sentirse descuidada, ansiosa o indeseable debido a experiencias pasadas. Al reparentar activamente, puedes desarrollar un estilo de apego seguro, reconstruir la confianza y cultivar un amor duradero.

Pasos para reparentarte

1. **Comprende a tu niño interior**: Para iniciar tu viaje de reparentación, debes reconocer y comprender a tu niño interior. Esta parte de ti lleva las huellas emocionales de experiencias infantiles alegres y dolorosas. El apego ansioso a menudo se deriva de necesidades no satisfechas

durante nuestros años de formación, como la falta de apoyo emocional o unos cuidados incoherentes. Al reconocer la presencia de tu niño interior, puedes empezar a abordar los miedos e inseguridades que surgen en las relaciones adultas.

2. **Sé consciente de las emociones y reconócelas**: Empieza por comprender tus sentimientos y comportamientos relacionados con el apego ansioso. Llevar un diario puede ser una herramienta eficaz en este caso. Escribe sobre los momentos en que te sientes incómodo en las relaciones y explora los desencadenantes de esos sentimientos. Reconoce las emociones y necesidades de tu niño interior sin juzgarlo.

3. **Crea un espacio seguro**: Establece un entorno mental o físico que te haga sentir seguro y respaldado. Puede ser un rincón acogedor de tu casa o la visualización de un lugar reconfortante. Cuando te sientas ansioso, retírate a este espacio, invitando a tu niño interior a que te acompañe. Utiliza este espacio seguro para reflexionar, respirar y conectarte a tierra. Las visualizaciones guiadas, en las que creamos un espacio seguro para su niño interior, pueden ofrecer consuelo y tranquilidad.

4. **Entabla un diálogo**: Interactuar con tu niño interior a través del diálogo es una poderosa herramienta de reparentación. Reserva tiempo para escribir cartas a tu niño interior, expresándole amor y seguridad. También puedes hacerle preguntas, animándole a compartir sus miedos y deseos. Responde a sus necesidades con compasión y comprensión, reforzando la sensación de seguridad. Además, reescribir las narrativas personales

para replantear las experiencias pasadas puede ayudar a transformar cómo nos percibimos a nosotros mismos y a nuestras relaciones. Estos pasos sanadores pueden reducir significativamente el impacto de las experiencias infantiles adversas en los estilos de apego, ofreciendo un camino esperanzador para el futuro.

5. **Nutre tus necesidades**: Identifica y satisface tus necesidades emocionales y físicas como haría un padre afectuoso, lo que incluye establecer límites, dar prioridad al autocuidado y participar en actividades que te aporten alegría y satisfacción. También podrías explorar prácticas de atención plena para mantenerte presente y en calma en los momentos que te provocan ansiedad.

6. **Practica la autocompasión**: Trátate a ti mismo con la amabilidad y la empatía que ofrecerías a un niño asustado. Cuando te encuentres con sentimientos de ansiedad, recuérdate que está bien sentirse así. Utiliza afirmaciones para fomentar la autoaceptación: "Soy digno de amor" o "Es seguro para mí abrir mi corazón". Reafirmar regularmente tus valores y necesidades ayuda a construir un diálogo interior más solidario.

7. **Busca apoyo**: Reparentar puede significar un desafío, y podrías beneficiarte al contar con apoyo adicional. Considera la posibilidad de trabajar con un terapeuta especializado en la teoría del apego para que te guíe en este proceso. Un terapeuta puede ayudarnos a explorar cómo las experiencias pasadas moldean nuestros comportamientos y relaciones actuales. Pueden proporcionar herramientas y perspectivas valiosas para ayudarte a navegar en tu viaje hacia la sanación de las

heridas. Este proceso de toma de conciencia y procesamiento de los recuerdos dolorosos en un entorno seguro puede conducir a pautas de apego más saludables.

8. **Reflexiona sobre tu viaje de sanación**: La reflexión personal es esencial para el crecimiento. Considera la posibilidad de llevar un diario de reflexión donde documentes tus experiencias, percepciones y emociones. Puedes escribir sobre cuestiones como "¿Qué progresos he hecho en la conexión con mi niño interior?" o "¿Cómo han cambiado mis relaciones debido a este trabajo?". Además, puedes compartir tus reflexiones en grupos de apoyo. Hacer esto puede proporcionarte perspectivas diversas y ánimos adicionales. El aspecto comunitario de la sanación es vital. Compartir tus experiencias crea un espacio de comprensión y apoyo mutuos, fomentando un sentimiento de pertenencia y solidaridad.

Cultivar un amor propio duradero

Al practicar el proceso de reparentación, estás sanando las heridas de tu pasado y sentando las bases para unas relaciones más seguras y satisfactorias. Al abordar tu apego ansioso, puedes cultivar un profundo sentimiento de amor propio, que en última instancia allana el camino para establecer relaciones enriquecedoras con los demás. Dar estos pasos sanadores puede reducir significativamente el impacto de las experiencias infantiles adversas en los estilos de apego.

Recuerda que reparentarte a ti mismo es un proceso continuo que requiere paciencia y dedicación. Cuanto más comprendas y cuides a tu niño interior, más reclamarás tu sentido de valor propio y la capacidad de amar y ser amado sin miedo. El viaje puede presentar desafíos, pero el crecimiento y la sanación que te esperan te empoderarán para construir las relaciones sólidas y duraderas que realmente mereces.

CAPÍTULO 5
CONSTRUYENDO CONFIANZA Y SEGURIDAD EMOCIONAL EN TUS RELACIONES

IMAGINA LA SENSACIÓN DE ESTAR EN EL BORDE DE UN ACANTILADO, contemplando la vasta e incierta extensión que se encuentra a tus pies. En ese momento, tu corazón se acelera, te sudan las palmas de las manos, y la angustia del miedo a caer se apodera de ti. Esta emoción representa lo que ocurre al experimentar la ruptura de la confianza en una relación, subrayando la importancia de establecer una confianza profunda como fundamento de la seguridad emocional y la edificación de relaciones saludables y perdurables.

COMPRENDER Y RECONSTRUIR LA CONFIANZA

El primer paso en este proceso es comprender la trascendencia de la confianza como la base sobre la que se erige la seguridad emocional. La confianza es esencial para la cohesión en las relaciones interpersonales. Cuando existe un nivel adecuado de confianza, experimentas una sensación de seguridad, valor y comprensión. Esto te permite compartir tus miedos y aspiraciones más profundos sin temor al juicio o a la traición. El fortalecimiento de la confianza, además, mejora de manera contundente la satisfacción relacional, promoviendo una comunicación abierta y un sentido de compañerismo y respeto mutuo. Ante la falta de confianza, las relaciones tienden a volverse inestables, plagadas de dudas e inseguridades. Las relaciones exitosas, sean románticas, familiares o de amistad, se sustentan en una sólida base de confianza. Al observar parejas que han superado adversidades conjuntas, es común reconocer que su vínculo se fortalece a medida que confían en las intenciones y acciones del otro.

Es imperativo identificar cualquier problemática de confianza presente en tu relación. Existen diversas señales que indican la ruptura de la confianza que deberías considerar. Por ejemplo, ¿experimentas la necesidad de revisar con frecuencia el teléfono de tu pareja, cuestionar su paradero o dudar de la veracidad de lo que dice? Este tipo de comportamiento sugiere la existencia de problemas de confianza subyacentes. También es recomendable llevar a cabo ejercicios reflexivos que te ayuden a identificar estos conflictos. Dedica tiempo a indagar las razones profundas que alimentan tus sentimientos de desconfianza. ¿Ha sido un incidente concreto el que ha roto tu confianza? ¿O ha habido una acumulación gradual de desconfianza porque te han defraudado constantemente?

Un enfoque estructurado para recuperar la confianza es fundamental. Primero, es necesario reconocer la violación de la confianza y emprender acciones para abordarla. Para resolver el problema, ambos miembros de la pareja deben reconocer la situación y comprometerse a realizar los cambios necesarios. Es crucial mantener una comunicación coherente y transparente en el proceso. Comparte tus emociones abiertamente mientras practicas la escucha activa ante las inquietudes de tu pareja, evitando emitir juicios. Con el tiempo, encontrarás que la transparencia recíproca construye la confianza. Es crucial demostrar tu fiabilidad y consistencia; cumple con tus promesas y demuestra que eres una persona de palabra, incluso en aquellos compromisos que pueden parecer menores. Si afirmas que llegarás a casa a las siete, asegúrate de hacerlo. Al llevar a cabo estas acciones, le demuestras a tu pareja que puede contar contigo, lo que facilitará la reconstrucción de su confianza en ti.

Es recomendable mantener un seguimiento constante de cómo avanzas en la reconstrucción de la confianza dentro de tu relación. He encontrado útil la práctica de llevar un diario de confianza, en el cual registras tus pensamientos, sentimientos y cualquier interacción significativa relacionada con la confianza. Este ejercicio puede facilitar el rastreo de tu progreso y la identificación de áreas que requieren atención. Establece metas a corto y largo plazo. Ejemplos de metas a corto plazo pueden incluir actos diarios de transparencia, como compartir tu agenda con tu pareja. Por otro lado, una meta a largo plazo podría ser la reconstrucción de la intimidad emocional. Es esencial hacer chequeos regulares con tu pareja; asigna tiempo cada semana para dialogar sobre tu progreso y tus sentimientos, así como para realizar los ajustes que consideres necesarios. Estas conversaciones pueden fomentar un sentido más sólido de compañerismo y un compromiso mutuo hacia la reconstrucción de la confianza.

Finalmente, reflexionar sobre los pasos que has dado y el progreso logrado puede proporcionar valiosas percepciones. Durante este proceso, es posible que te des cuenta de que algunas acciones han contribuido significativamente a la reconstrucción de la confianza, mientras que otras no han tenido el impacto deseado. Recuerda que el camino hacia la restauración de la confianza no es lineal. Es natural experimentar retrocesos, pero cada avance fortalece la base sobre la cual se cimienta tu relación.

TÉCNICAS DE COMUNICACIÓN PARA GENERAR CONFIANZA

La generación de confianza es imposible sin una comunicación eficaz. Una buena comunicación puede crear una base de comprensión y respeto, que es esencial para cualquier relación saludable. La escucha activa es una parte crucial de ello. Con la escucha activa, te centras totalmente en lo que dice tu pareja, asegurándote de que entiendes lo que te está comunicando. Asegúrate de no interrumpir, y muestra compromiso asintiendo con la cabeza y con señales verbales, como "Entiendo" o "Cuéntame más". La escucha activa muestra a tu pareja que valoras sus sentimientos y su perspectiva, creando un espacio seguro para conversaciones significativas. El diálogo abierto y honesto es otro principio vital. Busca la transparencia sobre cómo te sientes y lo que piensas, lo que ayudará a fomentar la confianza. Las señales de comunicación no verbal también desempeñan un papel importante. Tu lenguaje corporal, tus expresiones faciales y tu tono de voz pueden comunicar más que tus palabras. Sé consciente de tus señales no verbales y presta atención a las de tu pareja. Asegúrate de que tus señales no verbales coincidan con tus mensajes verbales cuando demuestres compromiso y preocupación.

Encontrarás que ciertas técnicas son útiles para mantener la transparencia en la comunicación. La técnica de las "declaraciones en primera persona" es particularmente efectiva. Expresas tus sentimientos y necesidades empezando las frases con "yo", de modo que no des la impresión de culpar a nadie. Aquí tienes un ejemplo. En lugar de decir: "Nunca me escuchas", podrías decir: "Me siento ignorado cuando no discutimos las cosas abiertamente". Utilizando este enfoque, reduces la posibilidad de ponerte a la defensiva, creando las condiciones para un diálogo más abierto. Realizar ejercicios de escucha reflexiva también es recomendable para mantener la transparencia. Después de que hable tu interlocutor, dile lo que has oído y cómo has interpretado su declaración para asegurarte de que has entendido lo que quería decir. Por ejemplo, di: "Lo que te escucho decir es que te sientes desatendido cuando trabajo hasta tarde". Este tipo de escucha activa valida los sentimientos de tu pareja y aclara posibles malentendidos. También deberías hacer comprobaciones periódicas de la relación. Reserven un tiempo cada semana para hablar de su relación, compartir sus sentimientos y abordar cualquier preocupación. Al hacer este tipo de comprobaciones, crean oportunidades de comunicación regulares, abiertas y honestas, que refuerzan la confianza con el tiempo.

Intenta resolver tus conflictos de un modo que genere confianza y te obligue a mantener la calma y la compostura. Evita involucrarte cuando las emociones estén a flor de piel; al hacerlo, tendemos a decir cosas que no queremos decir, y la situación puede agravarse. Respira hondo y concéntrate en mantener la calma. También puedes probar técnicas colaborativas de resolución de problemas. Adopta el espíritu del trabajo en equipo en tu forma de abordar el conflicto, trabajando para encontrar soluciones que satisfagan a ambos. Por ejemplo, pueden hacer una lluvia de ideas, sopesar los pros y los contras, llegar a un compromiso y negociar. El compromiso y la negociación son cruciales en este proceso. Reconoce que quizá no consigas todo lo que quieres, pero encontrar un término medio puede fortalecer tu relación. Digamos que tu pareja y tú no están de acuerdo en cómo quieren pasar un fin de semana. Intenten encontrar una forma de incorporar las preferencias de ambos. Adoptando este enfoque colaborativo, fomentan el respeto y la confianza mutuos.

Es fundamental contar con una comunicación sólida para construir la intimidad emocional, la cual está estrechamente vinculada a la confianza. Puedes profundizar la conexión con tu pareja compartiendo historias personales y vulnerabilidades. Al abrirte sobre tus miedos, sueños y experiencias pasadas, invitas a tu pareja a hacer lo mismo. Este intercambio de vulnerabilidad mutua fomenta la confianza y la cercanía emocional. Otra estrategia efectiva para mejorar la intimidad emocional es expresar aprecio y gratitud. Comunica a tu pareja lo que valoras de él o ella y de tu relación de manera regular. Este refuerzo positivo fortalece el vínculo y hace que tu pareja se sienta valorada. Es igualmente esencial participar en conversaciones significativas discutiendo temas que sean importantes para ambos, como sus metas personales e intereses compartidos. Estas conversaciones promueven una comprensión más profunda del otro, consolidando la conexión emocional.

Practicar estas técnicas de comunicación te permite reconstruir y reforzar gradualmente la confianza entre tu pareja y tú. La paciencia y la consistencia son cruciales en este proceso. A través de este esfuerzo, lograrás crear una relación en la que la confianza y la seguridad emocional prosperen.

CREANDO UNA BASE SEGURA: FUNDAMENTOS DE LA SEGURIDAD EMOCIONAL

Para que cualquier relación goce de seguridad emocional, necesita una base segura. Imagínate a un niño aventurándose a explorar un parque infantil, mirando constantemente hacia atrás para asegurarse de que su cuidador está allí para poder sentirse seguro. Como he comentado antes, este concepto de la teoría del apego se extiende a nuestras relaciones en la edad adulta. Con una base segura, sientes estabilidad y tranquilidad, lo que te permite explorar el mundo y asumir riesgos emocionales, sabiendo que tienes una red de seguridad fiable. Esto desempeña un papel vital en el fomento de la seguridad emocional. Una base segura significa que puedes sentirte seguro para expresar tu verdadero yo, sabiendo que tu pareja estará ahí para apoyarte. Algunos ejemplos de comportamientos que constituyen una base segura son los chequeos frecuentes, el consuelo en momentos estresantes y demostrar que eres una presencia confiable en la vida cotidiana.

Para establecer una base segura en una relación, son necesarias ciertas características fundamentales. Dos de ellas son la consistencia y la fiabilidad. La predictibilidad en las acciones y respuestas de tu pareja es crítica para construir la confianza. Sentirte seguro al saber que estarán presentes cuando los necesites es esencial. También es crucial contar con disponibilidad emocional y apoyo. Debes estar presente, tanto emocional como físicamente, cuando tu pareja te necesite. Esto implica comprometerse a la escucha activa, validar emociones y ofrecer consuelo. El respeto mutuo y la búsqueda de una mejor comprensión fortalecen adicionalmente esta base segura. Esto significa reconocer las necesidades, límites y perspectivas de cada uno. Además, tú y tu pareja deberían valorar las cualidades únicas que cada uno aporta a la relación.

Es necesario realizar acciones intencionales y prácticas en la construcción de una base segura. Establecer rituales de conexión puede ser una forma poderosa de fortalecer el vínculo. Ejemplos de estos rituales incluyen chequeos diarios y noches de cita semanales. Pueden ser incluso actos simples, como disfrutar de un café juntos cada mañana. A través de estos momentos compartidos, fomentas una sensación de unidad y confiabilidad. Otro paso esencial es asegurarte de estar emocionalmente disponible. Estar presente para tu pareja es una prioridad, especialmente cuando atraviesa momentos difíciles.

En muchos casos, esto puede implicar dejar a un lado las distracciones para que puedas escuchar plenamente y brindar una presencia reconfortante cuando se sientan estresados. También es crucial practicar constantemente comportamientos de apoyo. Esto implica demostrar empatía, ofrecer ayuda sin que tu pareja tenga que pedírtela y celebrar los éxitos de cada uno.

Puedes realizar ejercicios de reflexión específicos para evaluar y reforzar tu base de seguridad. Empieza con los que te ayuden a evaluar el estado actual de tu relación. Hazte preguntas como: "¿Me siento seguro y apoyado por mi pareja?" o "¿Hay áreas en las que me siento más vulnerable?". Lo siguiente es identificar las áreas en las que tu relación puede mejorar. Tal vez te des cuenta de que, aunque tu pareja te hace sentir apoyado emocionalmente, ves que a las interacciones diarias les falta algo de coherencia. Pon en marcha los cambios fijando objetivos concretos.

Un ejemplo podría ser acordar hacer un informe diario. Se trata de un momento en el que cada uno de ustedes comparte los altibajos del día. Recuerda llevar un registro de tus progresos. A mí me gusta llevar un diario en el que documento cómo afectan estos cambios a mi sensación de seguridad. Podrías hacerlo reflexionando sobre lo que notas en él y comentando tus observaciones con tu pareja regularmente.

Fortalecer una base segura es un proceso continuo. Tu pareja y tú deben mostrar compromiso para mantener y mejorar la relación. Fortalecerán su relación revisando y evaluando periódicamente sus esfuerzos, asegurándose de que ambos miembros de la pareja se sientan seguros y valorados. Enfocarse en estas prácticas les ayudará a construir una base resiliente y solidaria que mejore su conexión y refuerce su seguridad emocional.

SUPERANDO LA DESCONFIANZA: ESTRATEGIAS Y EJERCICIOS

Necesitas comprender el origen de tu desconfianza antes de poder abordarla eficazmente en tu relación. En muchos casos, las experiencias y traumas del pasado conducen a la desconfianza. Ser traicionado en cualquier relación puede dejar profundas cicatrices. Cuando tienes cicatrices como éstas, te resultará difícil volver a confiar plenamente en alguien. Esto se debe a que estás constantemente en guardia, esperando que la historia se repita. Tu confianza se ve erosionada por alguien que rompe sus promesas y se comporta de forma incoherente.

Cuando alguien dice una cosa pero hace otra, crea confusión y dudas. Con el tiempo, estas incoherencias pueden acumularse, y esto puede hacer que te cuestiones si la persona con la que tratas es realmente fiable. Otros factores que pueden influir son las influencias y presiones externas. Nuestras opiniones sobre la confianza y la fiabilidad se ven afectadas por las expectativas sociales, la presión de los compañeros y las normas culturales. ¿Creciste en un entorno lleno de desconfianza? Si es así, es probable que te resulte difícil liberarte de esa forma de pensar.

Afortunadamente, existen técnicas cognitivas que pueden ayudarte a desafiar y cambiar tus pensamientos de desconfianza. Empieza por darte cuenta de tus patrones de pensamiento negativos. ¿Te parece que siempre tiendes a suponer lo peor? Tómate un momento para reconocer este patrón. Cuando hayas identificado una pauta de este tipo, desafía esos pensamientos negativos preguntándote qué evidencias tienes. Si sigues pensando que tu pareja no es confiable, pregúntate si estos temores se basan en experiencias pasadas. ¿Existen razones objetivas para que sientas desconfianza? Si no es así, cuestiona tus pensamientos y reformúlalos. Con el replanteamiento, en lugar de pensar: "Probablemente me mienten", intentas reformularlo como: "No tengo motivos para dudar de su honestidad en este momento". Esto te ayudará a desarrollar un mayor equilibrio en tu forma de percibir y pensar las cosas. Te resultará más fácil ver las situaciones desde un punto de vista neutral. Con esta perspectiva, puedes reconocer que, aunque confiar en alguien puede entrañar riesgos, también te brinda oportunidades para establecer conexiones profundas y significativas.

También deberías considerar el uso de estrategias de comportamiento para generar confianza. Un buen ejemplo de ello es mostrar tu fiabilidad con tus acciones. Recuerda que las acciones hablan más que las palabras. Asegúrate de cumplir con lo que has dicho que vas a hacer. Cuando demuestras coherencia en tus acciones, ayudas a construir una base de confianza más sólida. También puedes participar en actividades que fomenten la confianza. Ejemplos de estas actividades son pasar tiempo juntos, trabajar en proyectos conjuntos o simplemente estar ahí el uno para el otro en los momentos difíciles. Cumplir con los compromisos, por pequeños que sean, refuerza la confianza. Esto se debe a que demuestras que eres fiable y que tus palabras coinciden con tus actos.

Es posible que te resulten útiles algunos ejercicios específicos para superar la desconfianza en la pareja. Un excelente punto de partida son las conversaciones para fomentar la confianza. Reserven tiempo para hablar abiertamente de sus miedos y preocupaciones. Utilicen frases en primera persona para expresar cómo los hacen sentir acciones concretas, sin culpar a nadie. Las actividades conjuntas de fijación de objetivos también pueden generar más confianza. Trabajar juntos para conseguir un objetivo común, ya sea planear un viaje o ahorrar para una casa, fomenta un sentimiento de asociación y confianza mutua. También es útil practicar el perdón y dejar ir. Aferrarse a los agravios del pasado sólo alimenta la desconfianza. Aprende a perdonar y a seguir adelante, centrándote en construir juntos un futuro positivo.

Los ejercicios de reflexión pueden ayudarlos a trabajar la desconfianza. Un ejemplo podría ser anotar tres casos en los que se hayan sentido desconfiados y discutirlos juntos. Identifiquen qué desencadenó esas emociones y las tácticas para abordarlas de cara al futuro. También pueden integrar actividades que fomenten la confianza en su rutina diaria. Refuercen su vínculo con actos sencillos como compartir una comida sin distracciones o relajarse y hablar acerca de su día. Para practicar el perdón, es fundamental reconocer las heridas del pasado y decidir conscientemente dejarlas atrás. Esto no significa olvidar lo ocurrido. Sólo significa elegir no permitir que el dolor del pasado dicte la dinámica de su relación actual.

Ambos miembros de la pareja deben comprometerse a superar la desconfianza para mejorar la relación. Céntrate en construir experiencias nuevas y positivas que contrarresten las heridas del pasado. Como hemos visto aquí, podemos crear una relación más fuerte y resiliente cuando comprendemos los orígenes de la desconfianza, utilizamos estrategias cognitivas y conductuales y participamos en ejercicios de creación de confianza. Sé paciente. La confianza nunca se reconstruye de la noche a la mañana, requiere compromiso y dedicación.

ACTIVIDADES DE GENERACIÓN DE CONFIANZA PARA PAREJAS

Realizar actividades conjuntas es una forma altamente efectiva de fortalecer la confianza en las relaciones. Esto se debe a que las experiencias compartidas crean un vínculo que no se consigue solamente con palabras. Al participar de actividades juntos, pueden demostrar fiabilidad y coherencia. Esto es especialmente cierto en entornos que requieren trabajo en equipo y apoyo mutuo. Por ejemplo, ir juntos a una excursión desafiante los acercará física y emocionalmente. Crean un sentimiento de compañerismo y confianza mutua mientras recorren juntos el sendero. Realizar este tipo de actividades fortalece la conexión emocional, reforzando que pueden contar el uno con el otro en diversas situaciones.

Hay muchos tipos de actividades conjuntas, cada una con su forma única de fomentar la confianza. Si buscas algo que requiera que ambos dependan el uno del otro y estrechen su vínculo, considera actividades basadas en la aventura. Ejemplos de estas actividades incluyen el senderismo y deportes en equipo. Por ejemplo, superar un sendero complicado juntos o competir en un juego amistoso fomenta la sensación de trabajo en equipo y compañerismo. Otra opción excelente de actividad para construir confianza es un proyecto colaborativo, como una tarea de mejora del hogar o la planificación de un viaje. Estos proyectos requieren que tú y tu pareja desarrollen una mejor coordinación, comunicación y responsabilidad compartida, todos componentes críticos de la confianza. Actividades para construir intimidad, como el yoga en pareja o clases de baile, ofrecen otra capa de conexión. Estas actividades requieren que estén presentes y conectados, tanto física como emocionalmente, lo que potencia su vínculo y su confianza.

Hay pautas específicas que debes recordar al planificar y realizar actividades de fomento de la confianza. En primer lugar, es vital que tú y tu pareja estén interesados en la actividad y plenamente dispuestos a participar. No presiones a tu pareja para que participe en algo que no desea. Cuando ambos están interesados en una actividad, tienen las mismas posibilidades de disfrutar y obtener un significado de la experiencia. A continuación, establezcan expectativas y objetivos claros. Antes de empezar la actividad, conversen acerca de lo que esperan conseguir y de los límites o restricciones. Una comunicación clara desde el principio ayuda a evitar malentendidos y garantiza que ambos miembros de la pareja estén de acuerdo. También deberían reflexionar después sobre las experiencias vividas durante la actividad. Conversen acerca de lo que disfrutaron, de lo que les resultó difícil y de cómo afectó la actividad a su relación. Esta reflexión ayudará a consolidar los efectos positivos de la actividad y a reforzar la confianza.

Consideremos el caso de Mark y Lisa. Decidieron practicar deportes de aventura para fortalecer su confianza y reconectarse. Su primera actividad fue la escalada en roca, una experiencia que ninguno de los dos había realizado antes. Esta actividad requirió que dependieran el uno del otro para garantizar la seguridad de ambos y brindarse aliento. Aunque enfrentaron desafíos y temores en un principio, se ofrecieron el apoyo necesario mutuamente. Al concluir la escalada, sintieron renovada confianza y compañerismo. Te recomiendo que pienses en algunas preguntas reflexivas después de una experiencia como esta. Podrías plantearte interrogantes como: "¿Cómo me hizo sentir esta actividad respecto a mi pareja?" o "¿Qué aprendí sobre nuestra capacidad para trabajar en equipo?" Estas preguntas fomentan una reflexión profunda que te permitirá comprender cómo la actividad impacta tu relación.

Existen muchas actividades para fomentar la confianza, y puedes adaptarlas para que resuenen en ti y en tu pareja. La clave es participar en actividades que requieran cooperación, comunicación y apoyo mutuo. Ya sean deportes de aventura, proyectos de colaboración o ejercicios para fomentar la intimidad, estas actividades ofrecen una forma práctica de reforzar los vínculos y fomentar la confianza. Siguiendo las pautas de interés mutuo, expectativas claras y reflexión posterior a la actividad, puedes maximizar los beneficios de estas experiencias. Con el tiempo, estos momentos compartidos crearán una base de confianza más fuerte y resiliente en vuestra relación.

CÓMO MANEJAR LOS CONTRATIEMPOS EN LA GENERACIÓN DE CONFIANZA

Debes saber reconocer los contratiempos habituales en el proceso de creación de confianza. Las relaciones son complejas, y los contratiempos son inevitables. Por ejemplo, es posible que de vez en cuando recaigas en viejos comportamientos, como sentirte irracionalmente desconfiado y reaccionar de forma exagerada ante problemas menores. Te sentirás frustrado, pero todo forma parte del proceso. También debes estar preparado para posibles errores de comunicación y malentendidos. Es posible que digas algo con una intención, pero que tu pareja lo interprete de otro modo. Estos malentendidos pueden provocar conflictos innecesarios y sentimientos de desconfianza. Los factores estresantes externos, como la presión laboral, las tensiones económicas o los problemas familiares, también pueden afectar a tu relación. Cuando estamos estresados, somos más propensos a malinterpretar lo que dice nuestra pareja, lo que puede generar más desconfianza.

Tendrán que mantener conversaciones abiertas y sinceras cuando se produzcan contratiempos. Cuando se produzca un contratiempo, háblalo abiertamente con tu pareja. Reconoce el problema sin culpar a nadie. Conversen acerca de lo que ha ocurrido, de cómo los ha hecho sentir y de cómo podrían evitar contratiempos similares en el futuro. Muéstrate abierto a reevaluar y ajustar tus planes de fomento de la confianza. No tengas miedo de cambiar tu estrategia si no funciona. La flexibilidad es la clave. Deberías probar distintos enfoques para encontrar lo que funciona mejor para ambos. Buscar apoyo externo también puede ser beneficioso. A veces, una perspectiva externa puede aportar ideas valiosas. Por ejemplo, podrías hablar con un terapeuta o consejero especializado en relaciones. Ellos podrían ofrecerte orientación y estrategias que te ayuden a superar los contratiempos.

Necesitas mantener la resiliencia y el compromiso en el proceso de creación de confianza. Reconoce la importancia de mantener tu motivación incluso cuando los desafíos intenten frenarte. Recuérdate a ti mismo por qué te estás esforzando y sigue centrándote en los cambios positivos que ya has realizado. Sé paciente y date cuenta de que la confianza no se reconstruye de la noche a la mañana. Lleva tiempo, y habrá altibajos. Celebra las pequeñas victorias y los progresos. Por pequeño que sea, cada paso adelante es un signo de crecimiento. Reconoce y aprecia estos momentos. Pueden proporcionarte la motivación que necesitas para seguir adelante.

Los retrocesos representan una oportunidad para el crecimiento, así que reflexiona sobre lo que los causó, preguntándote qué desencadenó el problema y cómo respondiste. Esta reflexión puede ayudarte a comprender los patrones subyacentes y los comportamientos que llevaron al retroceso. Lo siguiente que debes hacer es identificar las lecciones que has aprendido. Piensa qué podrías haber hecho de forma diferente y qué estrategias podrían ser más eficaces en el futuro. Implementar cambios para evitar futuros reveses es crucial. Realiza ajustes en tu enfoque contemplando las percepciones que has obtenido durante la reflexión. Por ejemplo, si te das cuenta de que los factores de estrés externos suelen provocar malentendidos, busca formas de gestionar el estrés de forma más eficaz. Este enfoque proactivo puede ayudarte a evitar problemas similares en el futuro.

Al reconocer los retrocesos comunes, abordarlos abiertamente, mantener la resiliencia y aprender de cada experiencia, podrás navegar el proceso de construcción de confianza de manera óptima. Recuerda que los retrocesos no son fracasos; son oportunidades para aprender y crecer. Acepta estos momentos como parte de tu viaje hacia la construcción de una relación más fuerte y confiable.

CAPÍTULO 6
FORTALECIMIENTO DE LAS HABILIDADES RELACIONALES

ESTRATEGIAS Y EJERCICIOS DE COMUNICACIÓN

PIENSA EN UNA OCASIÓN EN LA QUE TE SENTISTE IGNORADO EN UNA conversación. Quizás tus palabras rebotaban en un muro de indiferencia. La frustración y la sensación de aislamiento que siguieron te acompañaron, haciéndote reticente a volver a expresarte. Esta experiencia es demasiado común y nos recuerda que la comunicación es esencial en las relaciones. La comunicación es la savia vital de cualquier relación, y dominarla puede transformar tus conexiones, convirtiendo malentendidos en claridad y conflictos en cooperación.

Técnicas de Escucha Activa

Imagina una conversación en la que te sientes sinceramente escuchado y comprendido. La persona con la que hablas está plenamente presente, reflexionando sobre tus palabras y haciendo preguntas aclaratorias. Ésta es la esencia de la escucha activa, una habilidad que puede transformar las relaciones fomentando la comprensión y la confianza. La escucha activa va más allá de simplemente oír las palabras; implica comprometerse con el interlocutor a un nivel más profundo. Mientras que la escucha pasiva puede implicar asentir sin procesar verdaderamente el mensaje, la escucha activa requiere atención y participación plena. Esta diferencia es crucial. La escucha activa puede cambiar la dinámica de una relación, haciendo que las interacciones sean más significativas y reduciendo los malentendidos.

Uno de los componentes básicos de la escucha activa es prestar toda la atención al orador. Esto significa dejar a un lado las distracciones, mantener el contacto visual y estar presente en el momento. Cuando prestas a alguien toda tu atención, valoras sus palabras y sus sentimientos. Reflexionar sobre lo que oyes es otro aspecto vital. Esto implica parafrasear o resumir el mensaje del interlocutor para asegurarte de que lo has entendido correctamente. Por ejemplo, si tu interlocutor dice: "Me he sentido abrumado en el trabajo", podrías responder: "Entonces, ¿te sientes muy presionado en este momento?". Esta reflexión no sólo aclara el mensaje, sino que demuestra empatía y comprensión.

También debes hacer preguntas aclaratorias siempre que sea necesario. Estas preguntas te ayudan a reunir más información y a comprender mejor la perspectiva del interlocutor. Por ejemplo, puedes preguntar: "¿Puedes contarme más cosas sobre lo que te ha agobiado?" o "¿Cómo puedo apoyarte durante este tiempo?". Estas preguntas demuestran tu compromiso y genuino interés por la experiencia de la otra persona. También animan al interlocutor a abrirse y compartir más, fomentando una conexión más profunda.

Practicar técnicas de escucha activa puede potenciar tus habilidades y mejorar tus relaciones. Parafrasear y resumir el mensaje del orador te ayuda a asegurarte de que captas su punto de vista. Esta práctica puede evitar malentendidos y demostrar que participas activamente en la conversación. Las señales no verbales, como asentir con la cabeza, mantener el contacto visual e inclinarte ligeramente hacia delante, pueden demostrar aún más tu compromiso e interés. Estas señales indican al interlocutor que estás totalmente presente e interesado en lo que dice.

Evitar las distracciones y las interrupciones es crucial para la escucha activa. Controlar las distracciones, como guardar el teléfono o apagar el televisor, te permite centrarte por completo en la conversación. Este nivel de atención y respeto puede mejorar significativamente la calidad de tus interacciones. Evita interrumpir a tu interlocutor, ya que puedes interrumpir el flujo de su discurso y hacer que se sienta desoído. Espera a que termine de hablar antes de responder.

Ejercicios de escucha activa para mejorar tus habilidades

Puedes practicar ejercicios de escucha activa con un compañero o amigo. Elijan un tema y túrnense para hablar y escuchar. Después de cada turno, el oyente debe parafrasear lo que ha oído y hacer preguntas aclaratorias. Practicar este ejercicio desarrolla eficazmente tu capacidad de escucha y fomenta una mejor comprensión mutua. Llevar un diario reflexivo sobre las experiencias de escucha es otra práctica valiosa. Tras una conversación, dedica unos minutos a escribir sobre lo que ha ido bien y lo que podría mejorarse. Reflexiona sobre tus comportamientos de escucha, como si prestaste atención, reflexionaste sobre el mensaje e hiciste preguntas aclaratorias. Utiliza esta autorreflexión para obtener nuevos conocimientos y orientar tu crecimiento.

Practicar la escucha activa en distintos escenarios también puede mejorar tus habilidades. Intenta escuchar activamente durante las interacciones cotidianas, como con compañeros de trabajo, amigos tomando un café o familiares en casa. Cada situación ofrece una oportunidad única para aplicar y perfeccionar tus técnicas de escucha. Al practicar sistemáticamente la escucha activa, convertirla en una parte natural de tu estilo de comunicación te resultará más fácil. Esto dará lugar a relaciones más sólidas y conexiones más profundas.

Estrategias profundas para una comunicación eficaz

Como vimos en el capítulo anterior, hay ciertos principios vitales que debemos recordar y que son esenciales para una comunicación eficaz. La claridad y la concisión son primordiales. Procura ser claro y directo al expresar tus pensamientos y sentimientos. Evita andarte con rodeos o utilizar un lenguaje ambiguo que pueda dar lugar a malentendidos. Por ejemplo, en lugar de decir: "Siento que nunca me escuchas", podrías decir: "Me siento herido cuando hablo, y tú pareces distraído". Esto hace que tu punto de vista sea más directo y reduce la probabilidad de reacciones defensivas.

¿Recuerdas el consejo que te di anteriormente sobre el uso de las afirmaciones en primera persona? Esta técnica consiste en enmarcar tus sentimientos y pensamientos desde tu perspectiva, de modo que evites dar la impresión de estar realizando acusaciones. Por ejemplo, decir: "Me siento molesto cuando los planes cambian sin avisar", es más eficaz que "Siempre cambias los planes a último momento". Las afirmaciones "yo" te ayudan a asumir tus sentimientos y a reducir la culpa, fomentando un diálogo más abierto y constructivo.

Mantener un tono respetuoso es igualmente importante. Incluso cuando hables de temas complejos o expreses frustración, mantén un tono tranquilo y respetuoso. Evita levantar la voz, utilizar el sarcasmo o recurrir a los insultos. Cuando te comunicas respetuosamente, animas a tu pareja a escuchar y participar, sin cerrarse o ponerse a la defensiva.

Tienes que saber reconocer y abordar los comportamientos defensivos para superar las conductas comunicativas. Mecanismos de defensa como el bloqueo, en el que uno de los miembros de la pareja se cierra y se niega a comunicarse, pueden obstaculizar la comunicación eficaz. Es esencial abordar estos comportamientos con calma. Reconoce la tensión y sugiere una pausa si las emociones son demasiado intensas. Esto puede evitar la escalada y permitir discusiones más productivas más adelante.

Es esencial minimizar las distracciones y mantener la concentración durante las conversaciones. Distraerse con teléfonos, correos electrónicos y otras interrupciones es demasiado fácil. Haz un esfuerzo consciente por eliminar estas distracciones cuando mantengas conversaciones significativas. Pon el teléfono en silencio, apaga la televisión y busca un espacio tranquilo para centrarte únicamente en la conversación. Prestar toda tu atención a tu interlocutor demuestra que valoras sus palabras y te comprometes a comprender su punto de vista.

Una forma excelente de reducir la posibilidad de malentendidos es parafrasear y resumir lo que dice tu interlocutor. Así te aseguras de que le has entendido correctamente. Por ejemplo, podrías decir: "Lo que te he oído decir es que te sentiste ignorado cuando no respondí a tu mensaje. ¿Es correcto?" Esto aclara el mensaje y demuestra que escuchas activamente y participas en la conversación.

La comunicación no verbal desempeña un papel importante en la forma en que transmitimos e interpretamos los mensajes. Leer el lenguaje corporal y las expresiones faciales puede proporcionar un contexto valioso para las palabras habladas. Por ejemplo, los brazos cruzados y una expresión severa pueden indicar actitud defensiva o incomodidad, mientras que mantener el contacto visual y asentir con la cabeza puede indicar atención y empatía. Comprender estas señales puede ayudarte a responder de forma más adecuada y empática.

El tono y la intensidad de tu voz también influyen significativamente en cómo se recibe tu mensaje. Un tono suave y tranquilo puede calmar y tranquilizar, mientras que un tono áspero o agudo puede aumentar la tensión y provocar reacciones defensivas. Ser consciente de cómo dices algo es tan importante como lo que dices.

Utilizar señales no verbales para mejorar la comunicación verbal puede reforzar tu mensaje. Gestos sencillos como un suave toque en el brazo, asentir con la cabeza o mantener el contacto visual pueden reforzar tus palabras y transmitir sinceridad y empatía.

Estas pequeñas acciones pueden afectar significativamente a la forma en que se recibe y comprende tu mensaje.

Más ejercicios prácticos para mejorar la capacidad de comunicación

Representar conversaciones difíciles puede ser una forma eficaz de practicar y mejorar tus habilidades comunicativas. Busca a un amigo o compañero de confianza y, por turnos, representen distintas situaciones, como hablar de un tema delicado o resolver un conflicto. Esta práctica puede ayudarte a sentirte más cómodo expresando tus pensamientos y sentimientos y a desarrollar estrategias para afrontar conversaciones difíciles.

Practicar técnicas de comunicación activa con un compañero implica reservar tiempo para centrarse exclusivamente en mejorar tu comunicación. Durante estas sesiones, practica el uso de frases con "yo", manteniendo un tono respetuoso y empleando técnicas de parafraseo y resumen. Reflexiona sobre tus éxitos y tus áreas de mejora, y anima a tu compañero a hacer lo mismo. Este esfuerzo mutuo puede mejorar sus habilidades comunicativas y fortalecer sus relaciones.

Reflexiona sobre tus éxitos en la comunicación con tu pareja y sé consciente de los aspectos que puedes mejorar para seguir creciendo. Después de una conversación, dedica un momento a reflexionar sobre lo que ha ido bien y lo que podría mejorarse. Considera la posibilidad de escribir en un diario tus pensamientos y sentimientos, anotando cualquier pauta o problema recurrente. Esta reflexión puede aportarte ideas valiosas y guiarte para hacer los ajustes necesarios en tu estilo de comunicación.

Centrarte en estos principios y estrategias puede transformar tu comunicación, fomentando una comprensión y una conexión más profundas en tus relaciones. La comunicación eficaz es una habilidad que tú y tu pareja pueden desarrollar y perfeccionar. Con la práctica, puede convertirse en una poderosa herramienta para construir conexiones más fuertes y saludables.

Respuestas empáticas en las relaciones

La empatía es la capacidad de comprender y compartir los sentimientos de otra persona. Va más allá de la mera escucha de las palabras, para comprender realmente las emociones que hay detrás de ellas. La empatía crea un puente entre las personas, que es esencial para construir conexiones profundas y significativas. A diferencia de la simpatía, que a menudo implica sentir lástima por alguien, la empatía consiste en ponerse en su lugar y experimentar sus emociones como si fueran propias. En el contexto de una relación, los comportamientos empáticos incluyen escuchar de verdad a tu pareja cuando habla de su día, consolarla cuando está disgustada y celebrar sus éxitos como si fueran tuyos. Estas acciones demuestran tu afecto y contribuyen a fortalecer el vínculo de su relación.

Es necesario practicar de manera intencional para desarrollar una mayor empatía. Una estrategia efectiva es la denominada "toma de perspectiva", que consiste en intentar conscientemente ver una situación desde el punto de vista de la otra persona. Imagina cómo se puede sentir y qué podría estar pensando. Al practicar este ejercicio regularmente, te será más fácil responder de manera más compasiva. Participar en la escucha empática es otra herramienta poderosa. Esta práctica implica concentrarse completamente en el hablante, reflexionar sobre sus emociones y validar sus sentimientos. Por ejemplo, si tu pareja te dice que está estresada por su trabajo, podrías responder: "Parece que te sientes abrumada en este momento. Debe ser difícil." Otra forma de ser más empático es considerar cuándo alguien muestra empatía. ¿Cómo te hizo sentir? ¿Qué hicieron que te impactó positivamente? Utiliza estas reflexiones para guiar tu forma de interactuar con los demás.

Puedes transformar tus relaciones expresando empatía de forma eficaz en tus interacciones. Las expresiones verbales de empatía implican reconocer y validar los sentimientos de la otra persona. Frases como "Veo que esto te duele" o "Parece que te sientes ansioso" demuestran que estás en sintonía con su estado emocional. Las señales no verbales también desempeñan un papel importante. Por ejemplo, mantener el contacto visual, asentir con la cabeza y las caricias suaves pueden transmitir empatía aunque no digas nada. Estos pequeños gestos pueden hacer que la otra persona se sienta vista y comprendida. Utilizar un lenguaje empático en las conversaciones difíciles puede ayudar a rebajar la tensión y fomentar un diálogo más constructivo. En lugar de decir: "Siempre eres tan negativo", podrías decir: "Me he dado cuenta de que últimamente te sientes decaído. ¿Puedes contarme más sobre lo que te pasa?". Este enfoque muestra preocupación e invita a la apertura en lugar de desencadenar una actitud defensiva.

Ejercicios para desarrollar la empatía

Puedes mejorar tus habilidades de empatía representando respuestas empáticas. Busca un compañero y comparte una experiencia reciente mientras el otro practica la escucha y la respuesta empática. Este ejercicio puede ayudarte a sentirte más cómodo expresando empatía y comprendiendo lo que se siente al recibirla. Otra forma de practicarla es haciendo servicio comunitario o trabajo de voluntariado. Ayudar a otros necesitados ayuda a muchas personas a ampliar su perspectiva y a profundizar en su comprensión de las distintas experiencias vitales. Asegúrate de reflexionar regularmente sobre las interacciones empáticas y su impacto. Cuando tengas conversaciones en las que practiques la empatía, tómate un tiempo para escribir en tu diario cómo fue. ¿Qué dijiste o hiciste que te pareciera empático? ¿Cómo respondió la otra persona? Esta reflexión puede ayudarte a identificar lo que funciona bien y los aspectos que puedes mejorar.

La empatía es una herramienta poderosa que puede transformar tus relaciones. Al comprender la empatía, la desarrollarla mediante la práctica y expresarla eficazmente, podrás crear conexiones más profundas y significativas con las personas que te rodean. Además de ser beneficiosa en las relaciones románticas, también mejora cualquier otro tipo de conexión e interacción. Esto incluye tus relaciones con familiares, amigos, colegas y conocidos. La empatía significa que puedes comprender y compartir los sentimientos de los demás, lo que fomenta un sentimiento de conexión y comunidad. Tus relaciones serán más resilientes y emocionalmente satisfactorias.

ESTABLECER Y MANTENER LÍMITES SALUDABLES

Comprender los límites es crucial para fomentar relaciones saludables. Los límites son como líneas invisibles que definen dónde acabas tú y dónde empiezan los demás, garantizando que se respeten las necesidades y límites de cada individuo. Hay varios tipos de límites: físicos, emocionales y mentales. Los límites físicos se refieren a tu espacio personal y al contacto físico, mientras que los emocionales tienen que ver con tus sentimientos e información personal. Los límites mentales se refieren a tus pensamientos, valores y opiniones. Estos límites mantienen tu integridad, protegen tu sentido del yo y garantizan que no te pierdas en tus relaciones. Unos límites sanos te permiten sentirte seguro y respetado, mientras que unos límites poco sanos -demasiado rígidos o demasiado difuminados- pueden provocar malestar y resentimiento. Por ejemplo, un límite sano puede implicar reservar tiempo para ti a pesar de tu apretada agenda. Por el contrario, un límite no saludable podría ser decir siempre que sí a los demás a expensas de tu bienestar.

Identificar tus necesidades de límites empieza por la autorreflexión. Los ejercicios de reflexión pueden ayudarte a explorar tus límites y a comprender qué te hace sentir cómodo o incómodo. Considera situaciones del pasado en las que sentiste que se violaban tus límites. ¿Cómo reaccionaste? ¿Qué habrías preferido que ocurriera? Reconocer estas señales de violación de límites es fundamental para comprender tus límites. Llevar un diario puede ser beneficioso en este proceso. Utiliza preguntas guía como "¿Cuándo me siento más respetado?" o "¿Qué situaciones me hacen sentir incómodo?" para establecer intenciones sobre los límites. Escribir acerca de tus pensamientos y sentimientos puede aclararte y guiarte para establecer límites más saludables.

Para mantener tus límites, debes comunicárselos a los demás. Utiliza un lenguaje claro y asertivo para expresar tus necesidades y límites. Por ejemplo, en lugar de decir: "No me gusta que llegues tarde", podrías decir: "Me siento poco respetado cuando me cambian los planes a último minuto. ¿Podemos acordar avisarnos mutuamente con antelación?". Esta comunicación transparente ayuda a los demás a entender tus límites sin sentirse atacados. Establecer límites sin culpas ni miedos también es esencial. Recuerda que tus límites son válidos y que está bien dar prioridad a tu bienestar. Cuando encuentres resistencia, mantente firme y reitera tus límites con calma. Por ejemplo, si alguien reacciona negativamente a tu petición de espacio personal, puedes decir: "Comprendo que es difícil, pero necesito este tiempo para recargarme. Agradezco tu comprensión".

Mantener tus límites de forma coherente requiere un esfuerzo y un refuerzo continuos. Las técnicas para reforzar los límites incluyen autocomprobaciones periódicas para satisfacer tus necesidades y ajustar los límites según sea necesario. Para tratar las violaciones de los límites con calma y asertividad, tienes que abordar la cuestión directamente, sin agresividad. Por ejemplo, si un amigo te interrumpe repetidamente, puedes decirle: "Valoro nuestras conversaciones, pero necesito terminar mis pensamientos sin interrupciones. ¿Podemos solucionarlo?". Reflexionar sobre los éxitos y los desafíos de los límites también puede aportar ideas valiosas. Lleva un diario para documentar tus experiencias, anotando lo que funcionó bien y lo que sería necesario mejorar.

Esta reflexión te ayudará a ser consciente de tus límites y a realizar los ajustes necesarios.

Establecer límites es un proceso dinámico que evoluciona con tus relaciones y tu crecimiento personal. Comprender, identificar, comunicar y mantener tus límites puede crear una base de respeto y confianza en tus relaciones. Esta práctica mejora tu bienestar y fomenta unas relaciones más sanas y satisfactorias.

ABORDANDO LOS CONFLICTOS DE APEGO Y ESTRATEGIAS DE RESOLUCIÓN

Comprender los patrones de apego y los desencadenantes

Identificar los conflictos de apego en las relaciones requiere reconocer los patrones más profundos que subyacen a los desacuerdos superficiales. Estos conflictos suelen manifestarse como discusiones recurrentes sobre cuestiones aparentemente menores, acompañadas de una tensión subyacente que se niega a disiparse. La pauta más común consiste en que uno de los miembros de la pareja se aferra cada vez más al otro a medida que éste se retrae, creando un ciclo destructivo de búsqueda y retirada. Para comprender esta dinámica, los miembros de la pareja deben hacer una autorreflexión sincera, planteándose preguntas como "¿Qué desencadena mi inseguridad?" y "¿Cómo reacciono cuando mi pareja se aleja?". Estas preguntas pueden revelar los miedos y ansiedades fundamentales que impulsan los conflictos de apego.

Consideremos el caso ilustrativo de Sarah y Tom, cuya relación sufría tensiones relacionadas con el apego. Sarah experimentaba una intensa ansiedad cada vez que Tom no respondía inmediatamente a sus mensajes, lo que daba lugar a frecuentes discusiones en las que ella lo acusaba de atención insuficiente. Al mismo tiempo, Tom se sentía abrumado por la constante necesidad de seguridad de Sarah. Mediante una cuidadosa reflexión, Sarah descubrió que su ansiedad procedía de temores de abandono profundamente arraigados en experiencias pasadas. Esta percepción crucial permitió a la pareja abordar el problema central en lugar de tratar sus síntomas.

Mantener la calma durante los conflictos

La base de la resolución eficaz de conflictos reside en mantener la compostura, incluso cuando las emociones están a flor de piel. Aunque signifique un desafío, esta habilidad es esencial para un diálogo productivo. Los interlocutores pueden emplear ejercicios de respiración profunda, prácticas de enraizamiento o sencillos métodos de recuento para mantener la compostura. Utilizar frases con "yo" resulta especialmente eficaz para expresar sentimientos y necesidades, reduciendo al mismo tiempo las reacciones defensivas. Por ejemplo, decir: "Me siento herido cuando no respondes a mis mensajes porque me hace sentir poco importante", suele generar una respuesta más positiva que las afirmaciones acusatorias como "Nunca te preocupas por mí". Este enfoque te permite controlar tus emociones y mantener una conversación positiva.

Crear un espacio seguro para la expresión emocional requiere que ambos miembros de la pareja practiquen la validación y la reafirmación. En lugar de descartar o minimizar los sentimientos, reconócelos con afirmaciones como "Entiendo por qué te sientes así". Este enfoque ayuda a calmar las respuestas emocionales inmediatas y construye una base de seguridad en la relación. Las parejas con vínculos ansiosos pueden necesitar más seguridad durante los conflictos, por lo que la validación es un componente esencial del proceso de resolución. Esta validación proporciona consuelo y seguridad, fomentando una relación más sana.

Implementación de estrategias eficaces de tiempo fuera

Las técnicas de desescalada son cruciales para evitar que los conflictos se intensifiquen y se conviertan en discusiones importantes. Los miembros de la pareja deben reconocer los primeros signos de escalada, como voces elevadas, interrupciones frecuentes o lenguaje corporal defensivo. Cuando se presenten estas señales, aplicar un "tiempo fuera" estructurado puede evitar que la conversación se deteriore aún más. Sin embargo, nunca debes utilizar estos descansos como castigo o retirada airada. En su lugar, las parejas deben acordar una duración específica para el tiempo fuera y fijar una hora precisa para reanudar la discusión.

Durante estas pausas intencionadas, los miembros de la pareja pueden dedicarse a actividades autocalmantes y a la reflexión personal. Los ejercicios de respiración profunda, las prácticas de atención plena o las técnicas sencillas de enraizamiento pueden ayudar a restablecer el equilibrio emocional. La clave es utilizar este tiempo de forma constructiva, preparándose para volver a la conversación con una perspectiva y una compostura renovadas. Los miembros de la pareja también deben respetar las distintas necesidades del otro durante estas pausas. Mientras que algunos pueden necesitar procesar las emociones a solas, otros pueden beneficiarse de una suave reafirmación de la estabilidad de la relación.

Enfoques colaborativos de resolución de problemas

Transformar nuestra percepción de los conflictos de batallas a desafíos compartidos puede revolucionar el proceso de resolución. Este enfoque colaborativo hace hincapié en el trabajo en equipo y el apoyo mutuo, animando a ambos interlocutores a trabajar juntos para encontrar soluciones. Al discutir posibles resoluciones, mantente abierto al compromiso y a las soluciones creativas. Por ejemplo, Sarah y Tom desarrollaron un sistema en el que Tom enviaba mensajes rápidos de reconocimiento cuando no podía responder del todo, mientras Sarah trabajaba para controlar su ansiedad durante esos periodos.

La comunicación clara de las necesidades resulta fundamental en este proceso, sobre todo para las personas con estilos de apego ansioso, que a menudo albergan expectativas no expresadas. Los miembros de la pareja deben entablar conversaciones abiertas sobre sus necesidades durante y después de los conflictos. Comprender que un miembro de la pareja puede necesitar espacio para procesar, mientras que otro puede necesitar una discusión inmediata, puede ayudar a establecer protocolos que respeten los estilos de apego y las necesidades emocionales de ambos individuos.

Reparación y crecimiento tras el conflicto

Tras resolver los conflictos, realizar esfuerzos de reparación ayuda a restablecer la seguridad emocional y a reforzar el vínculo de la relación. Estos esfuerzos pueden incluir pequeños gestos de afecto, expresiones escritas de agradecimiento o dedicar tiempo a la reconexión. Tales acciones demuestran el compromiso con la relación a pesar de los retos y ayudan a reconstruir la seguridad emocional. Los miembros de la pareja también deben reflexionar sobre la experiencia del conflicto, hablar de lo que funcionó bien e identificar áreas de mejora en sus estrategias de comunicación y resolución.

Practicar regularmente mediante ejercicios de juegos de rol puede ayudar a las parejas a desarrollar y perfeccionar sus habilidades de resolución de conflictos. Trabajar con escenarios hipotéticos permite a los miembros de la pareja experimentar con distintos enfoques en un entorno de baja presión. Por ejemplo, los miembros de la pareja pueden representar situaciones en las que uno de ellos se siente desatendido y el otro abrumado, y luego cambiar los roles para comprender las perspectivas del otro. Esta práctica, combinada con una reflexión meditada sobre conflictos pasados, aumenta la confianza en la gestión constructiva de futuros desacuerdos.

Crear un plan de resolución estructurado

Desarrollar un plan formal de resolución de conflictos proporciona un marco fiable para abordar futuros desacuerdos. Este plan debe describir los pasos concretos para abordar los conflictos, incluidos los procedimientos acordados para los tiempos fuera, los métodos para abordar los desencadenantes y las estrategias para mantener una comunicación productiva. Disponer de esta estructura ayuda a reducir la ansiedad ante futuros conflictos y proporciona una orientación clara cuando las emociones se desbordan.

El plan debe incluir periodos regulares de revisión y ajuste, que permitan a las parejas perfeccionar su enfoque basándose en la experiencia y en las necesidades cambiantes. Este proceso de desarrollo continuo demuestra un compromiso con el crecimiento y la comprensión mutua dentro de la relación. Las parejas también deben considerar la posibilidad de incluir medidas preventivas en su plan, como comprobaciones periódicas de la satisfacción de la relación y momentos programados para discutir las preocupaciones antes de que se conviertan en conflictos.

Aunque navegar a través de los conflictos relacionados con el apego puede significar un desafío, sobre todo para quienes tienen estilos de apego ansioso, poner en práctica estas estrategias crea una base para una resolución sana y el crecimiento de la relación. El éxito requiere un esfuerzo constante, paciencia y compromiso por parte de ambos miembros de la pareja. Mediante la comprensión de los patrones de apego, el mantenimiento de una comunicación tranquila, el uso de tiempos fuera eficaces, la colaboración en la resolución de problemas y la dedicación de tiempo a la reparación y la reflexión, las parejas pueden transformar los conflictos en oportunidades para profundizar en su conexión y construir un vínculo relacional más seguro.

CONSTRUYENDO UN APEGO SEGURO CON TU PAREJA

Cuando tienes un apego seguro, disfrutas de una fuerte sensación de seguridad y confianza en tu relación. Ambos miembros de la pareja se sienten valorados y respetados. Este estilo de apego contribuye a una alta satisfacción en la relación, fomentando la comunicación abierta, el apoyo mutuo y la intimidad emocional. Los comportamientos críticos del apego seguro incluyen la disponibilidad emocional constante, el afecto genuino y el respeto de los límites. Por ejemplo, una pareja con un apego seguro responderá de forma fiable a las necesidades emocionales, proporcionará consuelo en situaciones de angustia y ofrecerá apoyo en la consecución de objetivos personales. Estos comportamientos crean un entorno estable y enriquecedor en el que ambos miembros de la pareja pueden prosperar.

Comportarse de forma fiable y coherente es vital para construir un apego seguro en tu relación. Haz un esfuerzo consciente por ser fiable y predecible cuando interactúes con tu pareja. Preséntate cuando digas que cumplirás tus promesas y apoya a tu pareja cuando lo necesite. La coherencia genera confianza para que tu pareja y tú tengan una base de fiabilidad. La disponibilidad emocional y la capacidad de respuesta también son cruciales. Esto significa estar presente y atento cuando tu pareja comparta sus sentimientos, asegurándote de que le escuchas activamente y ofreciéndole empatía y apoyo. ¿Tu pareja ha tenido un día duro? Tómate tiempo para escucharle y consolarle, demostrando que estás emocionalmente en sintonía y respondes a sus necesidades.

Crear rituales de conexión refuerza el vínculo entre la pareja. Estos rituales pueden ser actividades sencillas pero significativas que practiquen con regularidad. Un ejemplo podría ser fijar una cita nocturna, en la que pasen tiempo de calidad juntos, libres de distracciones. O podrían empezar una rutina diaria en la que conversen acerca de su día y compartan sus pensamientos y sentimientos. Estos rituales refuerzan su conexión, proporcionando oportunidades constantes para establecer vínculos seguros e intimidad. Son anclas en la relación, que recuerdan a ambos miembros de la pareja su compromiso y su amor.

Mantener un apego seguro a lo largo del tiempo requiere un esfuerzo y una intencionalidad constantes. Las revisiones regulares de la relación son vitales para evaluar la salud de la relación y abordar cualquier problema que surja. Reserva un tiempo cada semana para hablar de la relación, comentando lo que va bien y lo que podría mejorarse. Esta práctica los ayudará a mantenerse en sintonía con las necesidades del otro y evita que las cuestiones menores se conviertan en problemas más importantes. Recomiendo practicar la gratitud y el aprecio como otra forma poderosa de mantener un vínculo seguro en tu relación. Expresa gratitud por tu pareja y reconoce sus cualidades y acciones positivas con regularidad. Gestos sencillos como decir "gracias" o escribir una nota sentida pueden ayudar mucho a reforzar su vínculo.

Abordar y resolver los conflictos de forma constructiva es esencial para mantener un apego seguro. Cuando surjan disputas, abórdenlas con una mentalidad colaborativa y respetuosa. Eviten las culpas y céntrense en encontrar soluciones que funcionen para ambos miembros de la pareja. ¿Están en desacuerdo sobre las tareas domésticas? Discutan las perspectivas de cada uno y negocien un plan justo para dividir las responsabilidades. Este enfoque colaborativo ayudará a resolver el problema inmediato y reforzará su relación de pareja. Esto se debe a que están demostrando su compromiso de trabajar juntos.

Por último, asegúrate de establecer objetivos de mejora continua para que tu relación siga creciendo y prosperando, e identifica las áreas en las que quieres reforzar tu apego seguro y fíjate objetivos realizables. Por ejemplo, proponte aumentar tu disponibilidad emocional practicando la escucha activa o mejorar la conexión estableciendo nuevos rituales. Revisa y ajusta regularmente estos objetivos, celebrando tus progresos e introduciendo los cambios necesarios. Construir y mantener un apego seguro requiere un esfuerzo constante, disponibilidad emocional y conexión intencionada. Adoptar estas prácticas y reflexionar sobre tu dinámica de apego puede crear una relación resiliente, nutritiva y profundamente satisfactoria.

CAPÍTULO 7
CRECIMIENTO Y DESARROLLO PERSONAL CONTINUOS

El crecimiento personal no es un destino, sino un viaje continuo e intencional de autodescubrimiento y transformación. Para las personas que se recuperan del apego ansioso, este viaje representa más que un camino hacia la sanación—es un compromiso profundo con la comprensión de uno mismo, la ruptura de patrones destructivos y el desarrollo de la resiliencia emocional necesaria para establecer relaciones saludables y seguras.

La recuperación del apego ansioso no consiste en alcanzar un estado perfecto, sino en desarrollar un enfoque compasivo y curioso de tu mundo interior. Cada paso de crecimiento es un acto de valentía: la voluntad de mirar hacia dentro, cuestionar creencias arraigadas y crear formas nuevas y más sanas de conectar contigo mismo y con los demás. He diseñado este capítulo como tu compañero y guía, ofreciéndote estrategias prácticas, ideas y herramientas para apoyar tu desarrollo personal continuo.

Mediante la autorreflexión, el aprendizaje continuo, el apoyo profesional y la elección intencionada de un estilo de vida, descubrirás que el crecimiento personal es un proceso dinámico de transformación. Se trata de aprender a confiar en ti mismo, comprender tu panorama emocional y crear las condiciones para una seguridad emocional duradera y unas relaciones significativas.

A medida que avances en este capítulo, acércate a cada sección con el corazón abierto y un espíritu de amable curiosidad. Tu compromiso con el crecimiento es un poderoso testimonio de tu fuerza, resiliencia y capacidad de transformación.

AUTORREFLEXIÓN: UN CAMINO HACIA LA CONCIENCIA EMOCIONAL

La autorreflexión es un poderoso espejo que ofrece una visión clara de tu mundo interior. Examinar regularmente tus pensamientos, emociones y comportamientos puede mejorar la autoconciencia e identificar oportunidades de crecimiento personal. Esta práctica es especialmente crucial para las personas que se enfrentan al apego ansioso, ya que te capacita para comprender las raíces de tus patrones emocionales y tomar decisiones conscientes e intencionadas, poniéndote en control de tu bienestar emocional.

El poder de escribir un diario: Una herramienta para el autodescubrimiento

Recordarás que mencioné el diario como una de las técnicas más eficaces para la autorreflexión. Esta práctica transformadora proporciona un espacio seguro y privado para explorar tu paisaje interior. A través de la escritura, creas una poderosa oportunidad para procesar emociones complejas, identificar pautas de comportamiento, obtener una visión más profunda de tus ansiedades relacionales y desarrollar una mayor autocomprensión. Es una herramienta terapéutica que te permite desentrañar tus experiencias emocionales con honestidad y compasión.

Diferentes enfoques para llevar un diario pueden ayudarte en tu viaje de sanación emocional. Un diario de gratitud ayuda a cambiar tu mentalidad de la negatividad a la apreciación, especialmente cuando luchas contra el apego ansioso. Al documentar los aspectos positivos de tu vida, puedes contrarrestar los pensamientos ansiosos y cultivar un estado emocional más equilibrado.

Un diario emocional es una zona libre de juicios donde puedes expresar libremente tus ansiedades, miedos y frustraciones. Este enfoque te permite desahogarte y explorar tus emociones, proporcionándote alivio y, en última instancia, aliviando el estrés y obteniendo claridad emocional. Un diario reflexivo combina la gratitud y la exploración emocional para examinar de forma exhaustiva tus experiencias diarias y tus respuestas internas.

La escritura libre surge como una técnica poderosa para conectar con tu mente subconsciente. Escribir sin preocuparse por la gramática, la ortografía o la estructura permite un enfoque de flujo de conciencia que puede desenterrar pensamientos y sentimientos ocultos. Este método ofrece una visión profunda de tu paisaje emocional, revelando pautas y perspectivas que quizá no descubrirías mediante una escritura más estructurada.

Las guías con preguntas o instrucciones estructuradas para llevar un diario pueden encausar tu autorreflexión, especialmente cuando te enfrentas al apego ansioso. Las preguntas reflexivas pueden ayudarte a explorar tus experiencias emocionales más profundamente. Considera la posibilidad de explorar indicaciones o preguntas que te animen a examinar los orígenes de tus ansiedades, reconocer momentos de seguridad en tus relaciones y comprender tu camino de crecimiento.

Implementación de una práctica diaria de autorreflexión

Crear una rutina coherente es esencial para una autorreflexión significativa. Elige un momento para escribir que te resulte natural y sostenible. Para algunos, lo más beneficioso es reflexionar por la mañana antes de empezar el día, mientras que otros prefieren hacerlo por la noche para procesar las experiencias diarias. Puedes combinar tu práctica de la reflexión con otras actividades de autocuidado, como pasear o disfrutar de un té de hierbas, convirtiéndola en una parte integral de tu rutina de crecimiento.

La tecnología moderna ofrece un apoyo adicional a través de aplicaciones de reflexión y herramientas digitales. Estos recursos pueden proporcionar preguntas guías para escribir en el diario, enviar recordatorios útiles y ofrecer un espacio estructurado para registrar tus pensamientos, haciendo que la práctica sea más accesible y coherente.

La reflexión como herramienta para la toma de decisiones

La autorreflexión trasciende la comprensión de tu pasado: se convierte en un enfoque estratégico para tomar decisiones futuras intencionadas. Antes de tomar decisiones importantes en tus relaciones, examina tus valores fundamentales, evalúa tus objetivos a largo plazo y considera los posibles resultados. Esta práctica te ayuda a alinear tus elecciones con tu bienestar emocional, creando un enfoque más consciente de los desafíos personales y relacionales e infundiendo confianza en tus decisiones.

El impacto transformador de la autorreflexión

Comprometerse con la autorreflexión regular y escribir un diario ofrece un camino hacia una profunda transformación personal. Desarrollarás una mayor inteligencia emocional, comprenderás las raíces de tu apego ansioso y cultivarás pautas de relación más sanas. Y lo que es más importante, aprenderás a acercarte a ti mismo con mayor autocompasión, tomando decisiones más conscientes y alineadas.

Recuerda que la autorreflexión es un viaje de crecimiento continuo. Sé paciente y amable contigo mismo mientras desarrollas esta poderosa práctica de sanación personal y emocional. Cada palabra que escribes y cada momento de reflexión te acercan a comprenderte más profundamente y a crear las relaciones que deseas.

RECURSOS PARA EL APRENDIZAJE CONTINUO EN LA RECUPERACIÓN DEL APEGO

El aprendizaje continuo es un poderoso catalizador del crecimiento personal y la sanación emocional. Al comprometer activamente tu mente y cultivar la curiosidad, creas una vía dinámica para comprenderte a ti mismo y a tus relaciones más profundamente. El aprendizaje se convierte en algo más que una búsqueda académica: es un viaje transformador de autodescubrimiento y desarrollo personal.

La formación continua es tu puerta de entrada para ser más adaptable, innovador y resiliente. A medida que te expones a nuevos conocimientos y perspectivas, desarrollas la capacidad de ver los desafíos a través de una lente más matizada. Este enfoque es especialmente crucial para las personas que se están recuperando de un apego ansioso. Ofrece herramientas y perspectivas que pueden remodelar fundamentalmente tu enfoque de las relaciones y del bienestar emocional, aportando una sensación de alivio y esperanza.

Libros recomendados para el apego y el crecimiento personal

Maneras de amar, de Amir Levine y Rachel Heller, representa un texto fundamental para cualquiera que se enfrente a problemas de apego. Este exhaustivo libro ofrece una visión profunda de cómo los distintos estilos de apego afectan a las relaciones, y proporciona estrategias prácticas para construir vínculos más seguros y satisfactorios. Los lectores encontrarán una guía compasiva que les ayudará a comprender sus patrones relacionales y a trabajar para conseguir interacciones más sanas.

La inteligencia emocional de Daniel Goleman explora cómo la conciencia emocional puede transformar las relaciones personales y profesionales. El libro ofrece herramientas fundamentales para comprender y gestionar las emociones, lo que resulta especialmente valioso para las personas que trabajan con el apego ansioso.

El poder del ahora de Eckhart Tolle complementa estas ideas haciendo hincapié en la importancia de la presencia consciente. Sus enseñanzas ofrecen un poderoso enfoque para reducir la ansiedad anclándose en el momento presente. Para quienes luchan contra el estrés relacionado con el apego, la obra de Tolle puede proporcionar una perspectiva transformadora sobre la gestión de las turbulencias emocionales.

Aprendizaje en línea: Vías flexibles para el crecimiento personal

La tecnología moderna ha revolucionado el desarrollo personal a través de plataformas de aprendizaje en línea accesibles. Sitios web como Coursera, Udemy y Skillshare ofrecen cursos completos sobre temas críticos como la atención plena, la regulación emocional y las habilidades para relacionarse. Puedes integrar perfectamente estos cursos en tu vida diaria para disponer de opciones de aprendizaje flexibles.

Los talleres interactivos en línea dirigidos por expertos en desarrollo personal ofrecen experiencias preciosas. A diferencia de los métodos de aprendizaje tradicionales, estas sesiones proporcionan enfoques prácticos para comprender y aplicar estrategias de crecimiento personal. Crean oportunidades de participación directa, permitiéndote aprender de profesionales experimentados mientras te conectas con una comunidad de personas que se encuentran en trayectos similares, fomentando un sentimiento de conexión y comprensión.

Adoptando una mentalidad de aprendizaje permanente

El crecimiento personal es un viaje continuo. Al exponerte constantemente a nuevas ideas, perspectivas y oportunidades de aprendizaje, creas un enfoque dinámico del desarrollo personal. Esta mentalidad de curiosidad y apertura se convierte en una poderosa herramienta en tu proceso de recuperación del apego.

Recuerda que el aprendizaje puede adoptar diversas formas. Aunque los libros y los cursos online son valiosos, complementan otras estrategias de crecimiento como la terapia, los grupos de apoyo y la reflexión personal. Cada recurso ofrece una perspectiva única que puede contribuir a tu comprensión y sanación.

Consejos prácticos para el aprendizaje continuo

Considera la posibilidad de crear un plan personal de aprendizaje que incluya lo siguiente:

- Tiempo de lectura regular
- Participación programada en cursos online
- Como se ha dicho en el capítulo anterior, escribir un diario para reflexionar sobre las nuevas percepciones
- Discutir los conceptos aprendidos con un terapeuta o grupo de apoyo

Tu viaje continuo de descubrimiento

Los enfoques y recursos tratados en este capítulo no son meras sugerencias, sino invitaciones a una comprensión más profunda de ti mismo y de tus relaciones. Cada libro que leas, cada curso que sigas y cada momento de reflexión te acercarán a la creación de las relaciones seguras y satisfactorias que mereces.

Aborda tu viaje de aprendizaje con paciencia, compasión y un corazón abierto. Tu compromiso con el crecimiento personal es un poderoso acto de amor propio y sanación.

EL PAPEL DE LA TERAPIA Y LA AYUDA PROFESIONAL

Como hemos visto, el apego ansioso puede influir significativamente en cómo experimentamos las relaciones. A menudo conducen a un ciclo de inseguridad, a una necesidad persistente de reafirmación por parte de nuestras parejas y a un miedo al abandono. La terapia puede ser un paso transformador para quienes trabajan para superar estos desafíos.

Considera la posibilidad de acudir a un terapeuta especializado en el trabajo con el niño interior. Un profesional puede ofrecerte ideas y consejos valiosos. Busca a alguien formado en atención a los traumas, que te haga sentir seguro y apoyado. La relación terapéutica adecuada puede marcar una diferencia significativa, pero encontrar un terapeuta que resuene contigo es vital.

Personalmente, trabajé con una terapeuta con más de veinte años de experiencia en tratamiento de traumas. Ella enfatizó la importancia de la paciencia y la autocompasión en el proceso de sanación. Nuestras sesiones me enseñaron que sanar al niño interior es como atender a una parte herida de uno mismo. Requiere cuidados constantes y comprensión. Me brindó ejercicios útiles, como escribir un diálogo entre mi yo adulto y mi niño interior para fomentar la comunicación y la confianza.

A continuación, se detallan algunos aspectos críticos sobre cómo la terapia y la ayuda profesional son esenciales en la sanación y la recuperación:

1. **Comprensión de los estilos de apego**: La terapia nos proporciona un espacio seguro para explorar nuestros estilos de apego. Un terapeuta formado puede ayudarnos a identificar las raíces de nuestro apego ansioso, que a menudo se remontan a relaciones y experiencias tempranas. Esta comprensión puede aliviarnos, permitiéndonos comprender y sanar, sabiendo que nuestras experiencias pasadas moldean nuestros comportamientos y sentimientos actuales.

2. **Desarrollo de pautas de relación más saludables**: Mediante la terapia, podemos reconocer patrones de relación poco saludables, como el aferramiento, la

necesidad excesiva de validación o los comportamientos impulsados por el miedo. Los terapeutas pueden guiarnos en el desarrollo de estilos de comunicación más saludables y estrategias de afrontamiento que promuevan un apego seguro. Con el tiempo, este crecimiento puede conducir a relaciones más estables y satisfactorias.

3. **Construcción de la autoestima y la autovaloración**: El apego ansioso suele tener su origen en una baja autoestima e inadecuación. La terapia puede ayudarnos a trabajar la autoaceptación y la autoestima, capacitándonos para abordar las relaciones desde la fortaleza y no desde la necesidad. Al cultivar un sentido más fuerte de nosotros mismos, nos volvemos más capaces de cultivar relaciones de pareja saludables y equilibradas y de infundir confianza.

4. **Práctica de la regulación emocional**: La terapia ofrece herramientas y técnicas para gestionar la ansiedad y las respuestas emocionales. Practicando la atención plena, técnicas de enraizamiento y estrategias de regulación emocional, podemos manejar mejor nuestros miedos e inseguridades en las relaciones. Esta práctica conduce a una disminución de la ansiedad y a una capacidad más notable para entablar interacciones constructivas en la pareja.

5. **Creación de vínculos seguros**: Un terapeuta, con su formación y experiencia profesional, puede ayudarnos a identificar y fomentar vínculos seguros. Esto puede implicar explorar las relaciones actuales y comprender qué cualidades en las parejas fomentan la seguridad en

contraposición a la inseguridad. El terapeuta puede guiarnos para buscar y nutrir relaciones basadas en el respeto mutuo y la comprensión, reforzando estilos de apego más saludables.

6. **Establecimiento de límites**: Una lucha común para quienes padecemos apego ansioso es la incapacidad para desarrollar o mantener límites personales. La terapia nos anima a reconocer y comunicar eficazmente nuestras necesidades a nuestras parejas. Establecer límites ayuda a fomentar el respeto y el apoyo en las relaciones, creando una dinámica más equilibrada.

7. **Fomento de la conexión a través de la terapia de grupo**: La terapia de grupo también puede beneficiar a las personas con estilos de apego ansioso. Conectarnos con otras personas con experiencias similares puede proporcionarnos validación, reducir los sentimientos de aislamiento y ofrecer perspectivas sobre distintas estrategias de afrontamiento. Este apoyo comunitario puede reforzar la sanación y proporcionar perspectivas adicionales para entablar relaciones saludables, creando un sentimiento de pertenencia y apoyo.

La terapia y la ayuda profesional pueden ser recursos inestimables para muchos de nosotros que intentamos recuperarnos del apego ansioso. Aumentando la autoconciencia, desarrollando pautas de relación más sanas y aprendiendo estrategias de afrontamiento eficaces, podemos liberarnos de los ciclos de ansiedad e inseguridad. Con tiempo y compromiso, la terapia puede allanar el camino hacia unas relaciones seguras y afectuosas que fomenten el crecimiento personal y la realización emocional.

Recuerda que el viaje hacia la sanación y el crecimiento es único para cada persona. Sin embargo, con el apoyo y el compromiso adecuados, es posible superar los apegos ansiosos y construir relaciones más saludables y satisfactorias.

CAMBIOS EN EL ESTILO DE VIDA PARA CONTROLAR LA ANSIEDAD A LARGO PLAZO

Como hemos visto a lo largo de este libro, controlar la ansiedad, especialmente en el contexto de la recuperación del apego, requiere cambios meditados en el estilo de vida que pueden promover el bienestar emocional y la resiliencia. A continuación se presentan varias prácticas esenciales a considerar:

1. **Desarrollar estrategias de afrontamiento**: Aprende y practica los mecanismos de afrontamiento que hemos tratado a lo largo del libro. Disponer de un repertorio de estrategias puede capacitarte para manejar la ansiedad cuando surja.

2. **Establecer rutinas saludables:** Crear una rutina diaria estructurada puede proporcionar una sensación de previsibilidad y seguridad. También puede ser constructiva para quienes se recuperan de la ansiedad relacionada con el apego. Por ejemplo, levántate a la misma hora cada día, haz comidas regulares e incorpora las actividades saludables que hemos comentado anteriormente.

3. **Limitar la exposición a factores estresantes**: Identifica y minimiza la exposición a personas, entornos o medios de comunicación que exacerban tu ansiedad. Establecer

límites en las relaciones y descansar de las redes sociales puede reducir significativamente los sentimientos de agobio.

4. **Cultivar una dieta equilibrada**: Lo que comemos a diario es vital para nuestra salud mental. Procura tener una dieta equilibrada de alimentos ricos e integrales. Consume una mezcla de verduras, proteínas magras, frutas y cereales integrales. Mantenerte adecuadamente hidratado y reducir el consumo de cafeína y azúcar también puede contribuir a reducir los niveles de ansiedad.

5. **Cultivar relaciones de apoyo**: Construir y cultivar relaciones sanas puede ayudar a combatir los sentimientos de soledad e inseguridad. Fomenta las relaciones con amigos, familiares o grupos de apoyo que comprendan tus experiencias y puedan proporcionarte ánimo y empatía en los momentos difíciles.

6. **Buscar orientación profesional**: Consultar con un consejero o terapeuta especializado en apego puede proporcionar herramientas y perspectivas inestimables. El tratamiento puede ofrecer un espacio seguro para explorar los patrones subyacentes y desarrollar estrategias para la recuperación a largo plazo.

7. **Establecer objetivos realistas**: Establecer objetivos pequeños y alcanzables puede ser una fuente de estímulo que ayude a crear confianza y una sensación de logro. Celebra los progresos, por pequeños que sean, y ten paciencia contigo mismo mientras navegas por el proceso de recuperación.

Realizar estos cambios en tu estilo de vida puede mejorar significativamente tu recuperación de la ansiedad relacionada con el apego. Nuestros viajes de recuperación son únicos, por lo que es esencial encontrar lo que mejor resuene contigo y ser amable contigo mismo a lo largo del proceso.

DESARROLLAR UN PLAN DE CRECIMIENTO PERSONAL

El crecimiento personal es un viaje de cambio, autodescubrimiento y evolución, no un destino. Para las personas que se recuperan de un apego ansioso, crear un plan estructurado de crecimiento personal se convierte en un faro de esperanza, una estrategia crucial para sanar y desarrollar resiliencia emocional.

Los fundamentos de un plan de crecimiento personal

Un plan integral de crecimiento personal va más allá de la simple fijación de objetivos. Requiere una profunda autorreflexión, una evaluación honesta de tu panorama emocional actual y un enfoque compasivo del desarrollo personal. El plan te servirá como hoja de ruta, ayudándote a navegar por el complejo terreno de la sanación emocional y el crecimiento de las relaciones.

Empieza por realizar una autoevaluación exhaustiva. Examina tus patrones emocionales actuales, la dinámica de tus relaciones y tus zonas más vulnerables. Este proceso no consiste en criticar, sino en crear una comprensión compasiva de tu mundo interior. Considera tus experiencias relacionales pasadas, los desencadenantes del apego y los desafíos emocionales que han aflorado constantemente en tu vida.

Componentes críticos de un plan de crecimiento eficaz

Tu plan de crecimiento personal debe abordar múltiples dimensiones del bienestar emocional y relacional. Empieza por identificar áreas específicas de desarrollo. Éstas podrían incluir:

- Habilidades de regulación emocional
- Capacidad de comunicación
- Autoconfianza y seguridad en uno mismo
- Compresión y gestión los desencadenantes del apego
- Desarrollo de patrones de relacionamiento más saludables

Crea objetivos medibles y alcanzables para cada una de estas áreas. En lugar de vagas intenciones, elabora objetivos específicos de los que puedas hacer un seguimiento y que puedas celebrar. Por ejemplo, en lugar de decir: "Quiero ser menos ansioso", desarrolla un objetivo como "Practicaré tres técnicas de enraizamiento a diario durante los próximos tres meses" o "Comunicaré claramente mis necesidades en mi relación sin disculparme por tenerlas".

Implementando tu estrategia de crecimiento

La constancia es la piedra angular de un desarrollo personal significativo. Diseña un marco diario y semanal que apoye tus objetivos de crecimiento. Este marco podría incluir lo siguiente:

- Meditación matutina o escribir un diario
- Sesiones semanales de terapia o coaching
- Ejercicios regulares de autorreflexión
- Práctica de comunicación específica con tu pareja
- Tiempo dedicado al aprendizaje personal y al desarrollo de habilidades

La tecnología y diversos recursos pueden apoyar tu plan de crecimiento. Considera la posibilidad de utilizar las siguientes herramientas:

- Aplicaciones de seguimiento de hábitos
- Plataformas de diarios
- Cursos online sobre inteligencia emocional
- Aplicaciones de la meditación y la atención plena
- Conexiones con grupos de apoyo

Superando los obstáculos y manteniendo la motivación

El crecimiento personal no es un camino lineal. Te encontrarás con desafíos, contratiempos y momentos de duda. Desarrolla una estrategia de resiliencia que reconozca estos obstáculos potenciales. Crea un sistema de apoyo que incluya orientación profesional, amigos o familiares de confianza y, potencialmente, un grupo de apoyo para personas que estén superando problemas de apego.

Adopta la autocompasión a lo largo de tu viaje. Comprende que la sanación es un proceso, y que cada pequeño paso es significativo.

Celebra tus progresos, por pequeños que parezcan, sabiendo que te estás cuidando de la mejor manera posible.

Revisión periódica y adaptación

Tu plan de crecimiento personal es un documento vivo. Programa periodos regulares de revisión -quizá trimestrales- para evaluar tus progresos, ajustar tus estrategias y establecer nuevas intenciones. Este plan podría incluir lo siguiente:

- Revisar tus objetivos iniciales
- Reconocer tus logros
- Identificar nuevas áreas de desarrollo
- Ajustar tu enfoque en función de tus aprendizajes

La naturaleza holística del crecimiento personal

Recuerda que el crecimiento personal va más allá de las habilidades específicas para las relaciones. Abarca todo tu ser: mental, emocional, físico y espiritual. Integra prácticas que nutran todos estos aspectos, como:

- Ejercicio físico regular
- Nutrición que favorezca tu salud mental
- Expresión creativa
- Prácticas espirituales o de atención plena
- Aprendizaje continuo

Un viaje de transformación

Tu plan de crecimiento personal es más que una serie de objetivos. Es un profundo compromiso contigo mismo, una declaración de que mereces tener relaciones sanas y seguras y paz interior. Aborda este viaje con paciencia, curiosidad y una compasión inquebrantable hacia ti mismo.

A medida que avances, confía en tu capacidad de cambio. Cada paso que das es un avance hacia la sanación, la comprensión y, en última instancia, hacia las relaciones amorosas y seguras que mereces.

CONCLUSIÓN

Hemos llegado al final de nuestro recorrido por las complejidades del apego ansioso. Ahora posees una comprensión más profunda de las raíces de este estilo de apego y de las estrategias prácticas necesarias para superarlo. Mi esperanza es que este libro te haya iluminado el camino hacia relaciones más saludables y seguras.

RESUMEN DE IDEAS CLAVE

Reflexionemos sobre lo aprendido. Comenzamos explorando los orígenes del apego ansioso, abordando sus raíces evolutivas y el impacto que tienen los comportamientos de cuidado durante la infancia. Te has familiarizado con cómo las experiencias vividas en la niñez y las influencias sociales han moldeado tu estilo de apego. Este conocimiento fundamental ha sentado las bases para una comprensión más clara del panorama emocional y psicológico que atraviesas diariamente.

A continuación, examinamos la neurociencia que subyace al apego, analizando las estructuras cerebrales y los procesos neuroquímicos que inciden en tu comportamiento. Has adquirido conocimientos que ilustran cómo tu cerebro responde al estrés y a las señales de apego, así como el potencial de la neuroplasticidad para modificar estos patrones. Estas reflexiones te han dotado de la sabiduría para abordar tu comprensión del apego con un enfoque compasivo y curioso.

La habilidad de identificar el apego ansioso dentro de ti mismo es esencial. Te he proporcionado herramientas e información útiles, que incluyen instrumentos de autoevaluación, ejercicios reflexivos y estudios de caso. Te has vuelto más consciente de tus comportamientos y sus orígenes. Reconocer estos patrones es el primer paso hacia el cambio, y tu creciente autoconciencia es un puente hacia relaciones más fuertes y satisfactorias.

He compartido contigo estrategias prácticas para manejar la ansiedad, los celos y el sobreanálisis, proporcionando herramientas para la obtención de un alivio inmediato y para cambios sostenibles a largo plazo. Las técnicas de auto-calma, los ejercicios de anclaje, las estrategias cognitivo-conductuales y las prácticas de visualización son ahora parte de tu arsenal. Estos métodos te empoderarán para regular tus emociones y disminuir la intensidad de tu ansiedad.

El enriquecimiento de tu autoconciencia y la regulación emocional a través de la atención plena, las meditaciones guiadas y los ejercicios de autocompasión han fortalecido tu crecimiento de manera considerable. Estas técnicas te han permitido permanecer en el presente, gestionar tus emociones y cultivar una paz interior duradera.

Asimismo, nos hemos centramos ampliamente en la reconstrucción de la confianza y la seguridad emocional en las relaciones. Has aprendido técnicas de comunicación eficaces, estrategias de resolución de conflictos y formas de establecer una base segura con tu pareja. Estas habilidades son fundamentales para cultivar la confianza y profundizar la intimidad emocional.

Examinamos la sanación del niño interior para abordar traumas no resueltos y necesidades insatisfechas de tu pasado. Iniciaste un profundo viaje de sanación y autocompasión reconectándote con tu niño interior. Recuerda la importancia de este trabajo para transformar tu estilo de apego y construir un sentido más seguro de quién eres.

Otra área crítica cubierta ha sido el fortalecimiento de las habilidades relacionales, como la comunicación eficaz, el establecimiento de límites, la escucha activa y las respuestas empáticas. Estas habilidades constituyen los cimientos de unas relaciones sanas y satisfactorias.

Por último, ten presente que el crecimiento personal continuo y el desarrollo son pilares esenciales de este proceso. Has aprendido a practicar la autorreflexión constante, a buscar apoyo en comunidades y recursos, y a crear un plan de crecimiento personal. Este compromiso con el aprendizaje continuo asegura que tu viaje hacia el apego seguro y el amor duradero proseguirá, iluminando el sendero de tus relaciones y tu bienestar emocional.

PRACTICA LO APRENDIDO Y CELEBRA LOS PROGRESOS

Al llegar al final de este libro, tómate un momento para reflexionar sobre lo lejos que has llegado. Ya has dado pasos valientes hacia la sanación y el crecimiento al explorar tus patrones de apego, confrontar viejas heridas y practicar nuevas estrategias. Tu progreso es evidente y debe ser celebrado. Recuerda que el progreso no se trata de la perfección, sino de estar presente para ti mismo cada día, incluso cuando las circunstancias son desafiantes. Celebra las pequeñas victorias: los momentos de claridad emocional, las conversaciones más saludables y la creciente confianza en ti mismo y en los demás.

Sigue practicando las herramientas que has aprendido aquí, sabiendo que cada esfuerzo que realices construye la base para un futuro más seguro y satisfactorio. Mereces amor, conexión y paz, no solo de tus relaciones, sino también desde tu interior. Abraza este viaje, mantente comprometido con tu crecimiento, y confía en que con tiempo y persistencia, estarás creando una vida llena del amor duradero y la seguridad emocional que siempre has merecido.

Ahora cuentas con todo el conocimiento y las herramientas fundamentales necesarias para cambiar tu estilo de apego y fomentar relaciones más saludables. Sin embargo, recuerda que este viaje es continuo. Aplica activamente las estrategias y ejercicios que este libro proporciona a tu vida diaria. Te recomiendo que revisites los capítulos según sea necesario y que utilices continuamente las herramientas que ofrezco para seguir mejorando. A título personal, te agradezco sinceramente por embarcarte en este viaje conmigo. Tu disposición para explorar, reflexionar y crecer es inspiradora. Espero haberte proporcionado perspectivas valiosas y herramientas prácticas para tu camino hacia la sanación y el crecimiento.

Recuerda que el amor duradero y las relaciones saludables y seguras son posibles. Al aplicar las enseñanzas de este libro, podrás cultivar las relaciones satisfactorias que mereces. Sigue creyendo en tu capacidad para cambiar y crecer. Tu viaje hacia un futuro más seguro y amoroso apenas ha comenzado.

APÉNDICE

APOYANDO A LAS PAREJAS CON APEGO ANSIOSO

Esta sección está dirigida a las parejas de personas con apego ansioso. Es una breve introducción para brindar información a los seres queridos que puedan no comprender el apego ansioso y su proceso de recuperación, promoviendo así un diálogo abierto y vías de comunicación y apoyo. También proporciona una perspectiva diferente a las personas que se están recuperando del apego ansioso sobre lo que sus parejas podrían experimentar en la relación.

Cómo reconocer el apego ansioso en otras personas y cómo apoyarlas

Reconocer los comportamientos de apego ansioso en los demás es un paso crucial para proporcionarles apoyo. Esto requiere comprender la intrincada dinámica de los estilos de apego y reconocer las necesidades emocionales que surgen tanto en nosotros mismos como en aquellos a quienes queremos. Aunque la autoconciencia de nuestros patrones de apego a menudo puede iluminar nuestros desafíos, puede ser significativamente diferente cuando observamos estos patrones en los demás.

Al identificar conductas de apego ansioso en otra persona, podemos reconocer la confusión, los altibajos emocionales y la necesidad constante de reafirmación que pueden caracterizar sus interacciones. Esta conciencia invita a la empatía mientras nos esforzamos por crear un espacio seguro para que expresen sus miedos y ansiedades. Sin embargo, también nos pide que seamos conscientes de nuestras respuestas y límites mientras navegamos por las complejidades de su paisaje emocional sin sentirnos abrumados.

Al explorar cómo apoyar a una pareja o a un ser querido durante su recuperación, nos equipamos mejor para fomentar relaciones más saludables al tiempo que cuidamos de nuestro propio bienestar emocional. Este viaje de comprensión y apoyo mutuos puede conducir a relaciones más profundas, una mejor comunicación y, en última instancia, a la sanación de las heridas del apego para ambas personas implicadas.

Comportamientos a tener en cuenta

Algunos indicadores de comportamiento específicos pueden permitirte reconocer signos de apego ansioso en otras personas. La incoherencia en la forma de comunicarse de la persona suele ser uno de los signos más comunes. Alguien con un apego ansioso puede a veces abrumarte con mensajes porque busca cercanía y afirmación. Sin embargo, otro día, esa persona puede estar completamente callada porque teme parecer demasiado necesitada. Este tipo de incoherencia puede ser muy confusa y agotadora emocionalmente para todos los implicados. Por ejemplo, pueden enviarte mensajes de texto constantemente pidiendo reafirmación sobre si todo está bien entre ustedes, incluso cuando no hay evidencia de problemas. El profundo miedo al abandono que sienten provoca esta necesidad recurrente de reafirmación.

Otros signos frecuentes del apego ansioso son los celos y la posesividad. Si alguien tiene un apego ansioso, puede mostrar celos intensos por interacciones aparentemente triviales. Pueden tener problemas para aceptar el hecho de que tengas relaciones con otras personas, aunque esas relaciones sean totalmente inocentes. Algunas manifestaciones habituales de esta posesividad incluyen preguntar constantemente sobre la ubicación de su pareja, con quién pasan el tiempo y qué están haciendo. Pueden interpretar comportamientos neutrales como signos de desinterés o infidelidad. Estos comportamientos pueden crear un ciclo de conflicto y desconfianza, complicando el fomento de una relación saludable y equilibrada.

Las personas con estilos de apego ansioso también pueden experimentar frecuentes altibajos emocionales, con cambios drásticos y repentinos de humor y comportamiento. Por eso, las personas que se relacionan con ellos a veces se sienten como en una montaña rusa emocional. Quienes sufren de un apego ansioso pueden mostrarse afectuosos y extasiados por un momento y molestos y distantes al siguiente. Estos cambios de humor suelen ser el resultado de un conflicto interno entre su ansia de proximidad y el miedo al rechazo. A las parejas de personas con apego ansioso puede resultarles difícil navegar por la dinámica emocional de la relación.

Cómo afecta el apego ansioso a la relación

Es crucial comprender hasta qué punto los estilos de apego ansioso pueden influir en la dinámica de una relación. La necesidad frecuente de reafirmación suele implicar problemas de comunicación. Esto puede crear un ciclo en el que la pareja con apego ansioso busca constantemente validación. Al mismo tiempo, un sentimiento de agobio hace que el otro se retraiga. Esta característica cíclica de búsqueda de reafirmación y retraimiento puede conducir a una menor confianza y a un patrón de conflicto difícil de superar. Ambos miembros de la pareja pueden tener dificultades para encontrar una base estable porque se sienten constantemente inmersos en negociaciones emocionales.

Estos patrones relacionales problemáticos pueden convertirse en una parte fija de la relación, lo que puede causar conflictos frecuentes. Cuando una persona con apego ansioso reacciona intensamente a malentendidos y a acciones o palabras que percibe como rechazo, esto puede desencadenar conflictos significativos. En medio de estos ciclos de conflicto, ambas partes pueden acabar sintiendo que caminan sobre cáscaras de huevo. Es probable que ambos miembros de la pareja sean hiperconscientes de lo que siente la otra persona, queriendo evitar provocar ansiedad o discusiones. Este tipo de pautas pueden provocar rupturas en la confianza y la comunicación, así como sentimientos de agotamiento emocional.

Cómo apoyar a tu pareja

La empatía es vital a la hora de apoyar a una pareja con apego ansioso. Es esencial practicar la comprensión y la compasión en tu enfoque de las conversaciones sobre el apego. Asegúrate de utilizar técnicas de escucha activa, ya que pueden ser transformadoras en lo que se refiere a la comunicación. Si tu pareja quiere hablarte de sus ansiedades y temores, escúchale pacientemente y no le interrumpas. Mantén el contacto visual y asiente con la cabeza, mostrando que estás presente y atento. Realiza afirmaciones como: "Sé lo ansioso que te pones cuando no respondo inmediatamente". Proporcionarle esta validación de sus emociones puede ayudar a tu pareja a sentirse escuchada y comprendida.

Haz que tu pareja se sienta segura manteniendo un diálogo abierto. Este espacio seguro hará que tu pareja se sienta mejor compartiendo sus sentimientos sin miedo a ser descartada o juzgada. Hazle saber que sus emociones son válidas y asegúrate de que sepa que estás a su lado, ofreciéndole apoyo. Puedes preguntarle a tu pareja si le gustaría reservar un tiempo regular para expresar sus sentimientos sobre la relación y cualquier preocupación que pueda surgir. Puedes reducir significativamente parte de la ansiedad de tu pareja creando un entorno de confianza y franqueza.

La comunicación constante y la reafirmación son estrategias fundamentales para apoyar a tu pareja con un apego ansioso. Habla con tu pareja regularmente y reafírmale tu amor y compromiso. Puedes hacer que tu pareja con apego ansioso se sienta mucho mejor con sólo enviarle textos atentos que alivien sus temores. Por supuesto, tendrás que establecer límites saludables mientras le demuestras compasión. Comunica tus límites y necesidades personales con claridad, pero de forma amable y comprensiva. Ayuda a tu pareja a entender que tus límites no son un rechazo y que simplemente son necesarios para que mantengan una relación equilibrada y sana.

La ayuda profesional y la terapia también pueden beneficiar a alguien con un apego ansioso. A veces, una persona necesita más apoyo del que puede darle su pareja. Si crees que es útil, considera la posibilidad de sugerir terapia como opción. Hazlo de forma comprensiva, comunicándole que el tratamiento podría ayudarle a desarrollar herramientas y mecanismos de afrontamiento valiosos para controlar la ansiedad y sentirse seguros en la relación. Recuérdale que el tratamiento puede proporcionarle un espacio seguro.

Es fundamental tener presente que las personas con apego ansioso necesitan reconocimiento y apoyo. Si tienes una pareja con este estilo de apego, es crucial que comprendas las raíces de sus comportamientos y muestres empatía. Esto te ayudará a construir una relación más sólida y amorosa.

LECTURAS ADICIONALES

La teoría del apego de John Bowlby, Saul McLeod, https://www.simplypsychology.org/bowlby.html

Contribuciones de la teoría y la investigación sobre el apego: Un Marco para la Investigación Futura, Traducción y Política, Jude Cassidy y otros, https://www.ncbi.nlm.nih.gov/pmc/articles/PMC4085672/

Bases neuronales subyacentes al rasgo de ansiedad y evitación por apego reveladas por la amplitud de las fluctuaciones de baja frecuencia y la conectividad funcional en estado de reposo, Min Deng et al., https://bmcneurosci.biomedcentral.com/articles/10.1186/s12868-021-00617-4/

Cultura y patrones de apego infantil: una síntesis de sistemas conductuales, Paul S Strand y otros, https://www.ncbi.nlm.nih.gov/pmc/articles/PMC6901642/

8 Cuestionarios y tests de estilos de apego para evaluar a los pacientes, Alicia Nortje, https://positivepsychology.com/attachment-style-tests/

El poder del diario para el bienestar: Un camino hacia el autodescubrimiento y la sanación, https://dhwblog.dukehealth.org/the-power-of-journaling-for-well-being-a-path-to-self-discovery-and-healing/

Cómo identificar y gestionar tus desencadenantes emocionales, https://www.healthline.com/health/mental-health/emotional-triggers/

Traumas del pasado: El impacto de las experiencias adversas de la infancia en el apego adulto, creencias y comportamientos financieros, y la transparencia financiera, Dr. Bruce Ross y otros, https://newprairiepress.org/cgi/viewcontent.cgi?article=1280&context=jft/

Técnicas autocalmantes para afrontar la ansiedad, Wendy Rose Gould, https://www.verywellmind.com/how-to-self-soothe-when-coping-with-anxiety-5199606/

30 técnicas de conexión a tierra para calmar los pensamientos angustiosos, https://www.healthline.com/health/grounding-techniques/

Una visión general de la ansiedad de apego, Arlin Cuncic, https://www.verywellmind.com/attachment-anxiety-4692761/

Ocho técnicas de visualización para reducir el estrés, https://www.betterhelp.com/advice/stress/9-visualization-techniques-for-stress-reduction/

El compromiso eficaz requiere confianza y ser digno de confianza, Consuelo H Wilkins, https://www.ncbi.nlm.nih.gov/pmc/articles/PMC6143205/

5 Técnicas de comunicación eficaz para parejas, https://www. counsellinginmelbourne.com.au/communication-techniques-for-couples/

Por qué puedes tener problemas de confianza y cómo superarlos, Kendra Cherry, https://www.verywellmind.com/why-you-may-have-trust-issues-and-how-to-overcome-them-5215390/

Sanación del niño interior: 35 herramientas prácticas para crecer más allá de tu pasado, Jeremy Sutton, https://positivepsychology.com/inner-child-healing/

John Bradshaw y el poder del trabajo con el niño interior, Joan E Childs, https://joanechilds.com/john-bradshaw-and-the-power-of-inner-child-work/

Terapia EMDR para el trauma infantil, Shelley Flannery, https://childmind.org/article/emdr-therapy-for-childhood-trauma/

Regulación de las emociones en las relaciones íntimas: El papel de las diferencias individuales y el contexto situacional, Wan-Lan Chen y otros, https://www.ncbi.nlm.nih.gov/pmc/articles/PMC8355482/

Reevaluación cognitiva, https://www.psychologytoday.com/us/basics/cognitive-reappraisal/

8 poderosos ejercicios y hojas de trabajo de autocompasión, https://positivepsychology.com/self-compassion-exercises-worksheets/

Cómo mejorar tus relaciones con una comunicación saludable, Elizabeth Scott, https://www.verywellmind.com/managing-conflict-in-relationships-communication-tips-3144967/

Establecer límites saludables en las relaciones, Sheldon Reid, https://www.helpguide.org/relationships/social-connection/setting-healthy-boundaries-in-relationships/

Escucha activa: Una clave para una intimidad y comprensión más profundas en tu relación, Mara Hirschfeld, https://holdinghopemft.com/active-listening-a-key-to-deeper-intimacy-and-understanding-in-your-relationship/

¿Qué aspecto tiene y cómo se siente el apego seguro? y cómo desarrollarlo, Sanjana Gupta, https://www.verywellmind.com/secure-attachment-signs-benefits-and-how-to-cultivate-it-8628802/

La importancia de la autorreflexión: Cómo mirar hacia dentro puede mejorar tu salud mental, Sanjana Gupta, https://www.verywellmind.com/self-reflection-importance-benefits-and-strategies-7500858/

21 mejores libros sobre inteligencia emocional para mejorar la inteligencia emocional, https://positivepsychology.com/best-emotional-intelligence-books/

Grupos de apoyo: Establece contactos, obtén ayuda, https://www.mayoclinic.org/healthy-lifestyle/stress-management/in-depth/support-groups/art-20044655/